주님날개 아래서
꿈꾸는 십대

주님 날개 아래서 꿈꾸는 십대

울보선생의 기도로 크는 아이들

최관하 지음

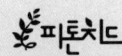
피톤치드

'별을 노래하는 마음으로 모든 죽어가는 것을 사랑해야지'

국민 시(詩)라고 불리는 윤동주의 〈서시(序詩)〉의 일부입니다. 저자 최 교수님은 어릴 적부터 낙엽 줍는 일을 좋아했습니다. 죽어 가는, 아니 이미 죽어버린 낙엽을 주워가며 희망을 노래하는 저자는 이미 서시를 삶으로 살고 있는 시인입니다. 저자의 관심은 이 땅의 죽어 가는 모든 것입니다. 시를 좋아하고 아이들을 좋아하는 천생 국어 선생님인 저자는 학교 현장에서 죽어가는 많은 아이에게 눈을 떼지 못하는 바보 선생님입니다. 땅에 떨어진 낙엽들이 책장 사이사이서 질 좋은 책갈피로 거듭나듯 영훈고의 많은 아이가 최 선생님을 만나면서 꿈꾸는 아이들로 변하고 있습니다. 예수님을 만나면서 그분을 주(主)로 삼고 그분의 날개 아래에서 꿈을 이룬 최 선생님처럼 영훈고의 아이들은 오늘도 주님의 날개 아래서 꿈을 꿉니다. 주님의 날개 아래에서 꿈꾸는 이들은 과연 그 선생의 그 제자들입니다.

곽상학 목사

온누리교회 차세대 협동목사. 다음세움 선교회 대표, 〈청바지〉, 〈청진기〉 저자

이 책은 하나님의 사명을 따라 학교 사역을 감당하고 계시는 열정과 비전의 사람 최관하 선생님께서 사랑으로 쓴 감동의 스토리입니다. 최관하 선생님은 학생들의 교사, 목사, 선배, 부모, 멘토, 상담가로서 하나님의 사랑을 실천하며 예수님의 복음을 삶으로 전하는 분이십니다. 영훈고등학교를 하나님의 학교로 세워나가면서 어려운 일도 많고 외롭고 힘든 상황도 많지만, 그 속에서 역사하시는 하나님의 은혜와 능력을 체험하며 사역을 감당하시는 최관하 선생님을 이 책에서 생생하게 만날 수 있습니다. 더욱이 이 책에는 청소년들의 실제적인 삶의 문제에 대해 최관하 선생님께서 학생들과 이야기하고 상담해 주는 내용이 나와 있습니다. 따라서 청소년 사역을 하는 분들에게 실제적인 사역 노하우를 제공해주는 귀한 책이라고 생각합니다. 교육의 현장 가운데 역사하는 살아있는 복음의 능력, 사랑 가득한 교육, 따뜻하면서 눈물이 있는 감동을 만나기 원하는 모든 분들에게 이 책을 강력하게 추천하는 바입니다.

김성중 교수

장로회신학대학교, 기독교교육리더십연구소 소장, 〈너는 커서 어떤 나무가 될래〉 저자

제가 영훈고등학교 3학년 학생일 때, 처음 최관하 선생님을 만났습니다. 그때로부터 25년이 지났지만, 영훈고의 놀라운 하나님 이야기는 멈추지 않고 지금도 계속되고 있습니다. 그 모든 이야기는 한 분의 선생님, 즉 최관하 선생님으로부터 시작되었습니다. 선생님의

눈물과 기도, 그리고 다음 세대를 향한 간절한 소망으로부터 시작되어, 기도 가운데 놀라운 열매를 맺어가고 있습니다. 저 역시 그중 한 사람이라고 말할 수 있습니다. 소망이 없는 것처럼 보이는 다음 세대가 다른 세대가 되지 않도록 하나님의 말씀을 전하고, 상담하고, 포용하며 순종하는 삶을 살아가는 선생님. 그 선생님과 아이들, 학교 현장의 이야기가 담긴 책이 출간되어 무척 기쁘게 생각합니다. 이 시대의 사역자로서 학교 사역에 대한 모델을 보고 싶습니까? 다음 세대에 대한 소망을 보기 원하십니까? 그렇다면 이 책을 강력히 추천합니다. 책을 덮을 때쯤이면 학교에 대한 소망을 품게 될 것입니다.

주경훈 소장 꿈꾸는 미래, 오륜교회, 〈원포인트 통합교육〉 저자

교직 인생 첫해에 SCE 수련회 강사로 오신 최관하 선생님을 처음 만났습니다. 교사이자 목사로서 사명을 감당하시는 선생님의 모습을 보며 '하나님을 믿는 교사라면 저렇게 살아야겠다.'고 다짐하였습니다. 이 책에는 아이들의 생각을 알고, 그들의 문화를 이해하며, 성령님의 도우심을 구하며 다가가는 선생님의 모습이 담겨있습니다. 문제아, 낙오자, 상처투성이라 불리는 아이들이 마음을 열고 치유받는 과정에서 하나님의 인도하심과 사랑을 경험할 수 있습니다. 영훈 센터 12년 사역과 마무리 이야기, 영훈고의 복음화를 위해 눈물로 씨를 뿌린 십수 년간의 이야기가 생동감 있게 그려져 있습니다.

교육이 무너지는 세대에서 한 명의 사명자가 학교와 학생을 변화시키는 생생한 역사의 순간을 이 책에서 보실 수 있을 것입니다. 저처럼 제자를 둔 선생님, 자녀를 둔 부모님, 그리고 다음 세대를 위해 수고하시는 모든 분들에게 이 책을 권해드립니다.

김소리 교사 서울 도신초등학교

저는 십여 년을 넘게 최관하 선생님께서 다음 세대, 우리 아이들을 위해 섬기고 헌신하시는 모습을 지켜봤습니다. 그 오랜 시간 진한 눈물을 흘리며 수많은 아이를 위해 기도하고 헌신했던 그 일들이 지금은 기적의 열매가 되었습니다. 순간순간 힘든 일도 많았을 것입니다. 하지만 오직 믿음으로, 오직 기도로, 하나님의 마음을 품고 순종한 울보선생님이십니다. 그래서 아픈 아이들이 회복되고, 죽어가는 아이들이 살아나며, 학교가 통째로 하나님의 학교가 되는 축복을 누리게 되었습니다. 이 과정을 지켜본 저로서는 하나님의 은혜에 감사하지 않을 수가 없습니다. 그리고 적은 힘이나마 동역할 수 있다는 사실에 얼마나 감사한지 모릅니다. 우리 아이들을 위해 진정으로 눈물을 흘리며 헌신하시는 최관하 울보선생님의 이야기가 이번에 책으로 출간되어 무척 기쁩니다. 이 책을 통해 하나님께서 선생님을 통해 어떠한 일을 행하셨는지, 모든 분이 함께 눈물 흘리며 은혜받기 바랍니다.

송솔나무 플루티스트, 〈하나님의 연주자〉 저자

십대의 성장통,
사랑으로 지켜보다

교무실에 갔다가 2층에서 1층으로 내려오는 계단, 갑자기 눈물이 주르륵 흘러내렸습니다.

언젠가부터 수업을 할 때도 하나님께서 눈물을 주실 때가 있습니다. 대화할 때도, 길을 걸을 때도 그랬습니다. 앞에 가던 여학생 두 명이 뒤를 돌아보고 저를 발견했습니다. 그리고 흠칫 놀라며 물었습니다.

"선생님, 왜 우세요?"

순간 저는 말하지 못했습니다. 뭐라고 설명하기가 어려웠기 때문입니다. 가는 아이들을 붙잡아 놓고 하나님께서 주신 눈물의 의미를 상세히 설명할 시간도 없었습니다. 그 아이들은 제가 수업 시간에 만난 적이 없는 아이들이었습니다. 그 순간 마음으로 기도하던 저에게 하나님께서 이렇게 말하게 하셨습니다.

"응, 너희들을 보니까 감동의 마음이 막 일어나서, 그게 눈물로 나온 거야."

아이들은 전혀 예상치 못한 저의 대답에 소리쳤습니다.

"헐~!"

그러면서 서로의 얼굴을 보았습니다.

"저희를 보고 감동을요? 선생님, 저희 얼굴을 보세요. 감동이라 니요? 이 얼굴이요? 대박."

"뭐라고?"

저는 아이들의 이 모습을 보며 깔깔 웃었습니다. 눈에는 눈물이 가득한 채로 말입니다. 아이들은 외모를 말하지만, 사실 저는 하 나님께서 만든 창조적 걸작품이 이 아이들이라는 생각에 감동이 라고 말한 것이었습니다.

1989년에 교사를 시작했습니다. 청소년이 무척 좋아서, 국어가 정말 좋아서 교사가 되었습니다. 신앙이 없던 그 시절, 첫 학교에 서 참교육을 외치며, 교육 현장에서 부정이라 생각되는 것에 반 기를 드는 '벌떡 교사'로 5년을 살았습니다. 그리고 모교인 지금의 영훈고등학교로 온 것이 1994년이었습니다. 루게릭병 제자들을 만나며 기도하게 되었고, 그들을 살려주신 하나님께 나아가는 기 도하는 교사가 되었습니다. 그리고 지금까지 기도하며 가르치는 기독 교사로 살고 있습니다.

올해 저는 교직 30년째가 됩니다. 저를 가르친 선생님들께서 교직 30년의 세월을 지났다고 했을 때, 대단하다고 생각했는데, 어느덧 제가 여기까지 왔습니다. '울보선생'으로 살아온 세월, 시간의 편린들, 울며 기도했던 많은 흔적은 하나님의 아름다운 열매가 되었습니다. 그것을 보게 하셨고, 이 과정을 통해 하나님을 찬양케 하셨습니다. 가끔 물어보시는 분들이 계십니다. 왜 별명이 '울보선생'이냐고? 남자가 왜 그리 우느냐고?

누구나 눈물이 나올 때가 있습니다. 억울하거나, 분노하거나, 예기치 않은 일을 맞닥뜨렸을 때나, 무척 실망스러울 때 웁니다. 하지만 저의 눈물은 이런 것과는 완연히 다릅니다. 하나님께서 주신 기도하는 눈물이기 때문입니다.

죽어가는 아이들, 망가진 아이들, 소망이 없는 아이들, 가정이 무너진 아이들, 비전이 불투명해 흔들리는 아이들 등 십대의 성장통을 경험하는 아이들이나, 힘겨워하는 영혼들을 두고 흘리는 기도의 눈물이기 때문입니다. 그래서 억울, 분노, 실망과는 차원이 다릅니다. 이런 눈물은 영혼을 맑게 합니다. 기도의 눈물은 무에서 유를 창조하신 하나님의 능력을 경험하게 합니다. 그래서 희망과 기대와 소망의 눈물이 됩니다. 그것이 바로 기도의 눈물입니다. 그래서 울보선생으로 살아가는 인생은 참으로 값지다고 할 수 있습니다.

제 이름으로 된 26번째 책을 엮습니다. 아이들과의 이야기, 아니, 아이들과 저와의 삶 속에 깊이 들어와 계신 하나님의 사랑 이야기를 펼쳐 냅니다. 작고 보잘것없지만, 하나님을 만남으로 귀한 존재의 가치를 아는 우리 아이들과의 만남, 동료 교사들과 학부모들의 이야기를 풀어냅니다.

귀한 추천의 글을 써준 진정한 청소년 사역자 곽상학 목사님, 존경할 수밖에 없는 사랑하는 제자 주경훈 꿈미 소장님, 몸은 다르나 항상 함께 있는 듯한 김성중 교수님, 진짜 기독 교사로의 비전을 품고 헌신하는 김소리 선생님, 그리고 항상 기도와 합력으로 같은 길을 걸어가는 플루티스트 송솔나무, 애정을 가지고 좋은 책을 만들어준 피톤치드 출판사 박상란 대표님과 관계자 모든 분께 감사를 드립니다.

항상 기도하며 하나님께서 원하시는 길을 가는 사랑하는 아내 오은영, 두 딸 다솜, 다빈에게도 고맙다는 말을 전합니다. 무엇보다 그 크신 사랑을 우리 아이들에게 전하게 하시고, 인도하시는 나의 아버지 하나님께 영광을 올려드립니다.

1부 십대를 품다, 너희가 나의 웃음꽃

2부 기도하는 교실, 사랑을 배우다

3부 다음 세대를 위한 노래

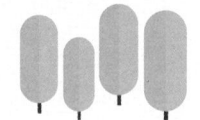

1부

십대를
품다,
너희가
나의 웃음꽃

하나님께 가까이 함이 내게 복이라
내가 주 여호와를 나의 피난처로 삼아
주의 모든 행사를 전파하리이다
시편 73:28

지갑이
돌아왔어요

　모르는 번호가 휴대폰에 떴다. 모르는 번호는 잘 받지 않는 나다. 하지만 밤 10시쯤 그 번호로 다시 전화가 와 무슨 일인가 하고 통화 버튼을 눌렀다.

　"여보세요. 영훈고등학교 최관하 선생님이신가요?"

　"네, 그렇습니다."

　불길한 예감이 스쳤다.

　'누가 사고를 쳤나? 경찰서로 뛰어야 하나? 이번엔 어디로?'

　이런 생각을 하고 있을 때, 수화기를 통해 젊은 남자의 목소리가 흘러나왔다.

　"선생님, 여기는 수유리에 있는 노래방인데요."

"노래방이라고요? 무슨 일이세요?"

"네, 혹시 선생님 제자 중에 오현주라고 있나요?"

현주, 오현주. 알다마다! 현주는 나를 아빠처럼 따르는 제자다. 그런데 현주에게 무슨 일일까?

"네, 압니다. 그런데 현주에게 무슨?"

전화를 한 남자의 목소리가 갑자기 경쾌해졌다.

"아, 네. 다행이네요. 노래방 주인인데요. 현주 학생이 어제 노래방에 와서 놀다 지갑을 놓고 갔어요."

"아, 그렇군요. 그런데 어떻게 제 전화번호를 아셨어요?"

"학생 지갑에 보니까 체크카드하고 신분증이 있는데, 그 사이에 선생님 명함이 있었어요. 그래서 전화 드렸습니다."

나는 안도의 숨을 내쉬었다.

"그랬군요. 감사합니다. 사장님 노래방, 복 받을 거예요. 연락 주셔서 고맙습니다. 내일 현주에게 찾아가라고 할게요."

통화를 마치려는데, 다시 들려오는 목소리.

"선생님. 잠깐만요."

"네, 왜요?"

"한 명이 더 있어요."

"더 있다고요?"

일주일 전에 한 남학생이 놀다 갔는데 그 남학생도 지갑을 놓고 갔다는 것이다. 찾아올 때를 기다리고 있었는데, 마침 잘됐다고 했다. 나는 현주가 찾으러 갈 때 같이 보내 달라고 부탁했다. 그리고 몇 번 감사하다고 인사했다.

대박 진짜요?

다음날 학교에 가자마자 나는 현주를 찾아갔다. 교실에 들어서자 일제히 나를 쳐다보는 여학생들. 나는 아이들과 항상 하는 인사를 했다. 손가락으로 하트를 그리며 "뀨!"를 외쳤다. 아이들도 함께 "뀨!"

나는 현주에게 다가갔다.

"현주야, 너에게 좋은 일이 생길 것 같은데."

이 말이 끝나기가 무섭게 현주와 아이들이 이구동성으로 말했다.

"쌤, 혹시 지갑, 현주 지갑요?"

나는 미소를 띠며 고개를 끄덕였다.

"우와, 대박. 진짜요? 돌아온 거예요?"

현주는 자리에서 일어나 나에게 달려왔다. 그리고 펄쩍펄쩍 뛰며 좋아했다. 아이들도 함께 모여들었다.

"선생님, 저 그것 때문에 잠도 못 잤어요. 정말 감사해요, 선생님. 기도도 했어요. 돌아오게 해달라고요. 근데 선생님 통해서 돌아오네요. 선생님! 최고예요."

현주가 속사포처럼 말을 쏟아내며 무척 좋아하는 모습을 보니 기뻤다. 아이들도 지갑이 돌아오는 것을 보며 신기해했다. 한 아이가 이렇게 말했다.

"선생님, 기도하는 사람은 뭔가 다른 것 같아요. 와~ 정말 신기해."

나는 웃으며 한 마디 더 했다.

"근데, 얘들아. 현주 말고 한 명 더 있단다."

"네?"

"우리 학교 남학생인데, 일주일 전에 노래방에 두고 갔대. 현주가 오늘 가서 그 친구 지갑도 찾아와야 해. 알았지?"

아이들은 "와!"하는 탄성과 손뼉을 치며 재미있어했다.

복도에서 드리는 감사기도

제자들이 내 명함 덕을 본 것은 여러 번이다. 서너 번 비슷한 일이 있었다. 나는 아이들에게 힘들 때나 위로가 필요할 때 연락하라고 수업 첫 시간에 명함을 주곤 했다. 현주는 남학생 것도 찾아와 본인에게 돌려주었다. 쉬는 시간 복도에서 만난 현주는 말했다.

"선생님, 감사합니다. 그 지갑이 정말 소중했거든요. 진짜 감사해요. 하나님께도 감사해요. 선생님, 저 위해 기도해주세요."

나는 복도에서 현주를 붙잡고 지갑을 돌아오도록 인도하여 주신 하나님께 감사 기도를 드렸다. 잠시 후 기도를 마치고 눈을 떴는데, 나와 현주의 주위에 너덧 명의 여학생들이 함께 손을 모으고 기도하고 있었다.

주례는 나야

복도에서 밀착하고 다니는 커플 아이들을 가끔 본다. 애인 수준을 넘어서서 "여보"라고 부르는 아이들도 있다. 학교 안에서의 깊은 교제가 최근에 갑자기 일어난 현상은 아니다. 학생들의 인권과 개인의 권리를 보호한다는 정책, SNS 문화의 거센 흐름 등 여러 이유가 있다. 문제는 이런 아이들을 어떻게 대하고, 지도해야할지 잘 모른다는 것이다.

학교 안 커플의 모습은 다양하다. 복도에서 창밖을 바라보며 조잘거리는 모습, 서로 마주 보고 얼굴을 가까이 대며 속삭이는 모습, 4층과 5층 계단 모서리 쪽에 숨을 듯 밀착한 모습, 복도에 의자를 꺼내 앉은 남학생 위에 여학생이 걸터앉아 있는 모습, 교정에서 손잡고 다니는 모습, 교문 앞에서 뽀뽀하는 모습…. 등하교는 물론 수업 시간 빼고 학교에서 계속 붙어있기도 한다. 이 아이들은 세상을 다 얻은 것 같은 행복한 얼굴을 하고 있다.

우리 사귀는 사이예요

이런 모습에 선생님들의 시선이 곱지 않은 것은 사실이다. '사귀더라도 학교에서는 자제해야지.'하며 야단치며 훈계하는 선생님도 있다.

"이놈들아, 학교에서 뭐 하는 거야?"

"공부는 언제 할래? 연애질만 하고."

"빨리 들어가!"

아이들은 선생님들의 이런 꾸지람에 잠시 듣는 척하지만 시간이 지나면 별반 다를 바 없이 행동한다. 이런 아이들을 오랫동안 보아온 나는 '이 아이들을 어떻게 가르쳐야 하나'하고 많은 고민을 해왔다.

10여 년 전 몇 해 동안, 영훈고등학교는 전교생이 순결 서약식을 했다. 자연스럽게 아이들의 성문화와 바른 이성 교제 등에 대해 알려주는 기회가 되었다. 하지만 여러 이유로 지금은 이런 교육을 할 상황이 되지 못한다. 그렇다고 아이들을 이대로 두어서는 안 된다고 생각했다. 아이들의 교제가 무분별하게 발전하면 성관계로 이어져 힘든 일이 생길 게 뻔했기 때문이다.

먼저 하나님께 지혜를 구했다. 성도덕이 무너지는 세상에서 아이들이 분별력 없이 이성을 사귀지 않도록, 하나님께 질문하며 기도했다. 하나님께서는 이런 생각을 주셨다.

'먼저 아이들과 소통하라. 아이들과 관계가 끊어지면 안 된다. 아이들의 현실을 알고, 인정해야 한다. 교사와 학생을 이어주는 관계의 끈이 있을 때 아이들은 고민과 생각을 토해 놓을 것이고, 이를 통해 아이들을 올바로 인도할 수 있을 것이다.'

4층 복도에 한 쌍이 서로 마주 보며 붙어 있었다. 커플이 틀림없었다. 나는 미소를 띤 얼굴로 아이들에게 다가갔다. 내가 다가가자 아이들은 순간 움찔했다.

"너희 사귀는구나!"

잠시 머뭇거리던 여학생이 대답했다.

"네."

나는 아이들을 번갈아 보며 명쾌하게 말했다.

"주례는 나다!"

아이들은 전혀 예상하지 못했던 말에 깜짝 놀라며 말했다.

"네?"

"너희들, 잘 사귀다가 나중에 결혼하면, 주례는 나라고. 왜 싫으니?"

아이들은 내가 야단치는 줄 알고 있었다가 그게 아니라는 것을 알자 얼굴이 밝아졌다.

"학번하고 이름 알려줄래? 너희들 만나는 데 잘 되고, 또 서로에게 도움이 되는 관계가 되기를 선생님이 매일 기도할게."

아이들은 얼굴을 붉히며 학번과 이름을 나에게 알려주었다.

"사귄 지 얼마나 됐니?"

"550일요."

"누가 먼저 프러포즈 했니?"

남학생이 말했다.

"노코멘트요."

"하하, 그래? 너로구나."

"너희들 혹시 교회는 나가니?"

"네."

마침 둘 다 교회를 다니는 아이들이었다.

"너희 둘 다 하나님을 믿으니까 하나님께서 기뻐하시는 만남을 이루어가면 좋겠다. 그치?"

아이들은 어느덧 평안한 마음으로 나와 이야기를 나누었다.

"네, 선생님."

나는 아이들과 함께 복도에서 기도했다.

"하나님, 두 아이가 청소년 시절에 같은 학교에서 만나 교제하고 있습니다. 하나님을 잘 믿고 교회에 나가는 아이들인데, 세상의 방법이 아니라, 하나님께서 기뻐하시는 만남이 되게 하여 주시옵소서. 서로를 아껴주고 기도해주며, 힘들고 어려운 마음을 위해 격려할 수 있는 관계가 되기 원합니다. 하나님께서 원하지 않는 마음이 생기면 하나님께서 제어해주시고, 나쁜 길로 가지 않도록 도와주시옵소서. 혹시 하나님의 뜻 가운데 이 아이들이 나중에 결혼하면 제가 꼭 주례할 수 있도록 인도해 주시길 원합니다."

아이들도 진지하게 기도하였다.

"얘들아, 또 봐."

두 학생은 활짝 핀 얼굴로 나에게 이렇게 말했다.

"선생님, 감사합니다. 한 번 찾아뵐게요."

'찾아뵙겠다'는 말이 나에게는 가장 큰 감사로 들린다. 한 번의 만남이 아니라, 청소년들에게는 지속적인 돌봄이 필요하다는 것을 누구보다 잘 알기에 그렇다.

현재 영훈고등학교에서 내가 이런 식으로 관리하는 커플이 8쌍이다. 이 가운데 한 쌍은 남학생 후배와 여학생 선배가 사귄다. 한 번은 층마다 커플들이 한두 쌍씩 있는 것을 발견하고 발걸음이 분주했던 날이 있다. 처음에는 당황하던 아이들이 "내가 주례야!", "내가 주례야! 알지?"하는 말에 깔깔대고 웃고, 어떤 아이들은 "고맙습니다."라고 크게 외치기도 한다.

사실 이 아이들이 결혼까지 할 확률은 낮다. 지금 아이들에게 가장 중요한 것은 무엇일까? 아이들이 사귀는 것을 교사가 일방적으로 막을 수는 없다. 교사가 아이들과 관계를 잘 형성해 놓으면, 아이들이 사귀는 중에 찾아와 고민을 상담하고, 함께 기도할 수 있을 것이다. 그래서 교사는 준비하고 있어야 한다. 아이들은 생각보다 더 자주 나를 찾아왔다.

쉬는 시간, 어떤 고민이 있는지 시무룩한 여학생을 남학생이 위로하고 있었다. 나는 그 아이들에게 다가가 말했다.

"주례는 나야!"

아이들의 얼굴에 순간 웃음이 확 돌았다. 우울한 이유를 듣고 아이들의 이름을 부르며 복도에서 기도했다. 이 아이들을 만나고 내려오는 계단에서 여학생을 만났다. 성당을 다니는 아이인데, 며칠 전 복도에서 남자 친구와 같이 있던 아이였다.

"선생님, 저 이제 주례 안 해 주셔도 돼요."

나는 발걸음을 멈추고 아이에게 물었다.

"응? 왜?"

"그 애랑 헤어졌어요."

"아, 그렇구나. 힘들겠다. 근데 헤어졌어도 주례는 내가 할 수 있어. 남친 또 생기면 데리고 와. 알았지? 네 주례는 내가 꼭 해줄게."

"우와, 정말요? 선생님."

여학생은 나의 이 말에 얼굴이 밝아지며 계단을 뛰어 내려갔다.

나는 여학생의 뒷모습을 보며 내일쯤 남친과 헤어진 이 여학생을 만나서 이야기를 나누리라고 생각했다.

생각지도 못한 방식으로 아이들과 관계의 끈을 이어주신 하나님, 주어진 환경과 상황, 특히 우리 아이들을 탓하지 않게 하신 하나님, 나를 인도하시는 하나님께 감사를 드렸다. 그리고 문득 이런 생각이 들었다.

'이 아이들 결혼에 주례할 때면 나는 몇 살이 되는 거지? 하하하.'

졸업은
할 거예요

나는 생활 교양반 담임이다. 공부에 관심이 없고, 특별한 비전이 없는 아이들이 모인 학급. 작년에 이어 2년째 같은 반 담임이다. 현이는 게임 중독이다. 전국 랭킹 100~200위의 아이다. 나는 현이에게 이렇게 말하곤 한다.

"현아, 게임 중독으로 살지 말고 프로게이머가 돼라."

현이는 우리 반에서 가장 크다. 2학년 때까지 선생님들에게 야단도 많이 맞았지만 말도 잘하고, 귀염성도 있다. 나는 현이에게 '덩치 큰 귀요미'라는 별명을 붙였다.

현이에게도 게임 중독 현상이 있다. 지각 정도가 아니라, 아무 때나 학교에 왔다가 아무 때나 가려고 한다. 집에 가면 온종일 게

임만 하는 아이, 그게 인생의 낙이라고 한다. 어떤 날은 학교에 오후 3시 넘어서 왔다가, 4시에 종례를 하고 간 적도 있다.

현이는 무단결석과 지각이 잦아지면서 학교징계위원회에 불려 갔다. 교내 봉사, 사회봉사 활동이라는 벌을 받았지만 현이는 바뀌지 않았다. 1학기가 끝나갈 무렵, 기도하는 가운데 날을 정하고, 학교에 온 현이를 불렀다. 3층으로 올라가는 계단 바닥에 나란히 앉아 대화를 시작했다.

"현이야, 선생님들이 너를 좋아하던데."

현이는 야단맞을 줄 알았는데 부드럽게 나오는 나의 태도에 의아해하며 빙그레 웃었다.

"저를요? 왜요?"

"네가 성격이 좋다고. 귀염성도 있고."

현이는 웃으며 말했다.

"그렇죠. 제가 쫌 귀엽죠."

이런 현이가 밉지 않았다.

"현이야, 근데 졸업은 할 거니?"

"그럼요, 선생님."

낙천적이고 말 잘하는 아이인지라 망설임 없이 분명한 뜻을 보였다.

"그래, 나도 그렇게 되길 바라고 있어. 그런데 네 생각과 달리 학교를 계속 결석하면 수업 일수가 부족해 학교를 다닐 수가 없어. 작년에 우리 반 아이 하나도 그런 적이 있었거든. 그 아이 2학기 때 자퇴하고 나갔잖아. 너도 그렇게 되지 않았으면 좋겠어."

현이는 다소 얼굴이 경직되는가 싶더니, 천연덕스럽게 말했다.

"선생님, 저는 꼭 졸업할 겁니다."

"어떻게?"

"안 빠질 겁니다. 이제."

이렇게 말해 놓고도 현이는 연거푸 사흘을 결석했다. 현이뿐 아니라 아이들이 대체로 이렇다. 나는 솔직하게 말하면 아이들의 말을 잘 믿지 않는다. 십대는 변화무쌍하기 때문이다. 그렇다면 아이들을 포기해야 하는가? 당연히 아니다. 아이들을 끝까지 격려하고 기도하고 인도해야 한다. 인내와 소망을 버려서는 안 된다.

그래서 나는 하나님을 의지한다. 아이들을 믿고 좌절하고 실망하는 것이 아니라, 하나님께서 이 아이를 변화시켜주실 것이라는 믿음으로 나아간다. 그러면 하나님께서는 하나님의 때에 아이를 만나주시고, 꼭 뜻하신 대로 이행하신다.

몇 살까지 살래?

2학기가 시작되었다. 기도 가운데 하나님께서는 우리 반 아이들을 한 명씩 만나 복음을 전하고 영접케 할 시기가 되었다고 음성을 들려주셨다. 나는 즉각적으로 순종했다. 아침 시간, 복도에 책상을 꺼내놓고, 의자 두 개를 마주 보게 놓았다. 그리고 현이와 마주했다.

"현이, 방학 잘 보냈니?"

"네, 선생님."

"엄마는 계속 지방에 계시고?"

"네."

현이는 엄마 얘기만 나오면 목소리가 작아진다. 엄마에게 미안하기 때문일 것이다. 현이 부모님은 현이가 아주 어렸을 때 이혼하셨다. 현이는 지금 할머니와 동생과 산다고 했다. 이 밝던 아이가 엄마와 집 이야기만 나오면 움츠러든다. 나는 이런저런 이야기를 나누다가 미소를 띠며 천천히 말했다.

"현아, 오늘은 그냥 사는 얘기 좀 나누고 싶다. 편안하게 얘기할 수 있겠니?"

"네."

현이의 말이 끝나자마자 나는 물었다.

"현이는 몇 살까지 살고 싶니?"

뜬금없는 질문에 현이는 잠시 생각하다가 대답했다.

"음…. 85살, 90살요."

"그렇구나. 그럼 그다음에는 어떻게 될까?"

"죽으면 끝이죠."

예수님을 믿고 싶어요

이렇게 시작된 대화가 두 시간을 지나고 있었다.

"현아, 이제 너와 내가 만날 수 있는 시간이 얼마 안 남았어. 수능까지 50일도 안 남았잖아. 그리고 방학, 졸업인데, 이렇게 널 보내면 내가 너무 마음이 아프고 하나님께 죄송할 것 같아. 현아, 누구나 이 땅에서 죽어. 사람은 두 부류가 있어."

현이는 내 눈을 응시하고 있었다.

"한 부류는 너처럼 죽으면 끝이라고 생각하면서 아무 소망이 없는 인생, 또 하나는 죽음의 관문을 통해서 천국으로 가는 믿음을 가진 부류, 즉 선생님 같은 사람들이지. 현아, 그동안은 이런 사실을 잘 몰라서 그냥 생각 없이 살아갔겠지. 선생님은 네가 나중에 하늘나라에 갔을 때 꼭 천국에 있기를 바라고 있어. 게임 중독이든 아니든, 돈이 많든 적든 사실 그런 것보다 더 중요한 것은 이 세상의 삶이 끝이 아니라는 거야."

나는 예수 그리스도를 믿으면 구원을 얻는다는 복음을 전하였다.

그때 현이가 말했다.

"근데요, 선생님. 저는 교회 싫어해요."

나는 미소를 띠며 말했다.

"그렇구나. 교회 나가는 것 이전에 예수님을 믿고 싶은 생각은 드니?"

그때였다. 현이는 천천히 고개를 끄덕였다. 현이의 얼굴이 다소 비장해보이기까지 했다.

"그래, 그럼 현이야. 나를 따라서 기도할 수 있겠니?"

현이는 나를 따라 예수 그리스도를 믿음으로 영접한다는 기도를 드렸다. 그리고 나를 따라서 자신과 비전, 가족을 위한 기도를 했다.

점심시간에 만나요

아이들이 가장 즐거워하는 점심시간, 성경 말씀을 코팅한 책갈피 형태의 성구 서표를 컵에 가득 넣어 식당을 찾았다. 나는 아이들에게 인사를 건네고, 식탁 위에 말씀 컵을 올려놓았다.

"뭐예요? 선생님."

나는 활짝 웃으며 말했다.

"아~. 좋은 말씀이야. 축복과 사랑과 격려…. 성경에 있는 좋은 말씀이야."

"하나 뽑아도 되는 거예요."

"그럼, 너희 주려고 이렇게 잘라서 만든 거야. 뽑아서 책갈피로 써."

아이들은 무척 기뻐했다.

"우와, 감사합니다."

나는 점심 내내 아이들을 찾아다니며 성구 서표를 선물로 주었다. 하지만 모든 아이가 이 선물을 받아가지는 않았다.

성경 말씀과 명언 갈피

하나님을 모르거나, 교회를 다니지 않는 아이들은 성경 말씀에 호의적이지 않다. 그냥 뽑는 아이들도 있었지만, 반응이 없는 아이들도 있다. 교회를 다니든 안 다니든 모두 사랑하는 제자들이기에 이 아이들에게도 동일한 기쁨을 줄 수 있는 지혜로운 방법을 달라고 기도했다. 하나님께서는 응답하셨다. 하나님의 사람들을 통한 명언이나, 경구를 만드는 것이다. 성경 말씀을 아이들이 읽거나 듣기 좋은 형식으로 풀어서 바꾸면 좋을 것 같았다. 그래서 또 한 종류의 격언 말씀 갈피를 만들었다. 다음 말씀은 내가 주로 하는 말들이다. '최관하 명언'이라고 할까?

- 농부처럼 눈물을 흘리고 씨를 뿌리고 노력하면 아름다운 성공의 열매는 꼭 있다.
- 최고의 축복은 말로 하는 것이 아니라 그를 위해 격려하며 기도하는 것이다.
- 맨땅에 헤딩하면 머리가 빠개질 것 같은 아픔이 있다. 하지

만 계속 노력하면 그 땅이 갈라진 후에야 알게 된다. 내가 힘겹지만 노력할 때 이미 땅바닥 속은 갈라져 있었다는 것을.

- 'because of'가 아니라 'inspite of'로('무엇 때문에'가 아니라, '무엇임에도 불구하고')
- 소금통 속의 소금으로 머물지 말라. 소금은 세상에 뿌려져야 맛을 낼 수 있다. 그러니 타인을 위해 섬기며 살아라.
- 햇살이 뚫고 나오지 못할 만큼 두터운 구름은 없다. 나를 돕는 누군가가 분명히 있다. 그래서 내가 모든 것을 할 수 있다. 그분을 믿고 의지하라.

아이들은 무척 기뻐했다. 나는 컵 두 개에 성경 말씀과 격언 말씀 갈피를 가득 담아, 식당으로 돌아다녔다.

"선생님, 왜 컵이 두 개예요?"

나는 웃으며 말했다.

"아, 이 컵은 성경 말씀 갈피, 이쪽 것은 명언 갈피야. 유명한 사람들의 명언. 교회 안 나가는 아이들도 있잖아. 그 아이들 위해서 만든 건데, 하나만 뽑든지, 아니면 둘 다 뽑아도 돼."

밥 먹는 식탁 위에 올려놓은 후, 이렇게 설명을 하면 "나는 명언", "나는 성경" 하면서 뽑는다. 그 모습을 바라보며 나는 마음속으로 기도한다.

'하나님, 말씀 하나가 우리 아이들 가슴에 깊이 박혀 이 땅을 살

하나님, 말씀 하나가 우리 아이들 가슴에 깊이 박혀 이 땅
을 살아가는 가운데 힘이 넘치게 하소서. 하나님의 말씀에
는 생명이 있사오니, 특별히 힘들고 지친 아이들, 영적으로
육적으로 힘든 아이들을 회복시켜 주옵소서.

아가는 가운데 힘이 넘치게 하시고, 이 아이들을 만나주셔서 천국 백성 되게 해주시고, 주님의 사랑을 전하는 아이들이 되게 하여 주옵소서. 하나님의 말씀에는 생명이 있사오니, 특별히 힘들고 지친 아이들, 영적으로 육적으로 힘든 아이들을 회복시켜 주옵소서.'

식당 출구에서 기다리다

문득 내가 아이들의 점심시간을 방해하는 것은 아닌가 하는 생각이 들었다. 아이들은 몰려 있기를 좋아한다. 점심시간에 친구들과 식사중인데, 아무리 선한 의도라도 선생님이 중간에 끼어드는 것을 아이들이 불편해 할 수도 있겠다는 생각이 들었다.

그래서 지혜를 달라고 기도했다. 목적이 좋아도 그 목적에 도달하는 과정도 중요하기 때문이다. 하나님께서는 지혜를 주셨다. 식사를 마치고 나오는 아이들에게 뽑을 기회를 주기로 하고, 식당 출구에서 아이들을 기다렸다. 결과는 성공! 식사를 하는 중간에 여기저기 다니는 것보다 아이들도 나도 훨씬 더 좋았다. 아이들은 식당에서 나오며, 자기들과 내가 통하는 인사를 기쁘게 하였다. "뀨~. 데헷~"을 외치며 인사하는 아이들. 나도 손가락으로 하트 모양을 만들어 "뀨~"를 외친다.

아이들을 만나면 이래서 좋다. 통하는 게 좋다.

말씀 갈피가 담긴 컵 두 개를 들고 점심시간 한 시간을 서 있었다. 점심을 먹고 나오는 아이들은 성경 말씀도 뽑고, 명언도 뽑았다. 지난번에 뽑지 않은 아이들은 두 개를 뽑기도 했다. 한 컵에 500개, 두 컵 1,000개가 한 시간 만에 동났다.

아이들은 서너 명씩, 십여 명씩 줄지어 서서 뽑았다. 아이들은 책갈피 선물을 진심으로 고마워했다. 기도하고 뽑는 아이도 있었고, 친구 것이라며 대신 뽑기도 하였다.

"감사해요, 선생님."

그날 저녁 나는 말씀 책갈피를 만들어야 했다. 하루에 몇 백 개, 많으면 1,000장이 나가기도 하기 때문이다. 점심시간에 책갈피를 나눠 주려고 서 있은 지 사흘 째 되던 날, 한 남학생이 다가왔다.

"선생님, 저 그거 많이 필요해요."

"그래? 그럼 가지고 가. 몇 개씩 가져가도 돼. 또 만들면 되니까."

그 아이도 웃으며 말했다.

"아뇨, 선생님. 저는 몇십 개 필요하거든요."

하면서 손을 내밀었다. 그리고 한 주먹 만큼 뽑더니 계단을 달려 내려가며 큰 소리로 외쳤다.

"선생님, 저 교회 나가거든요. 우리 반 애들하고, 친구들에게 나눠줄게요. 선생님, 고맙습니다."

눈물이 핑 돌았다. 그 음성이 하나님의 격려로 느껴졌기 때문이다.

저녁 기도회가 마친 후 한 기독 학생이 다가 와서 말했다.

"선생님, 지난 번 선생님이 만드신 자필 엽서 있죠? 아이들 그것도 원하던데요. 애들 참 좋아해요. 주시면 좋을 것 같아요."

조만간 엽서도 준비해야할 것 같다. 그리고 사탕도, 초콜릿도, 작은 과자도 준비해야겠다. 예수님의 사랑을 담아 마음껏 선물해야겠다.

낙엽을 줍는 이유

해마다 가을이 오면 낙엽을 주웠다. 1970년대 중반, 중학생 때부터 낙엽을 주웠다. 길가에서, 산에서…. 특별한 이유가 있어서 낙엽을 줍는 것이 아니다. 글쓰기가 좋았던 십대 시절, 내 머릿속에는 윤동주의 시 한 구절이 항상 맴돌았다.

'모든 죽어가는 것을 사랑해야지.'

그때 나는 기독교인이 아니었다. 그럼에도 불구하고 '모든 죽어가는 것을 사랑한다'는 이 짧은 글이 성경의 한 구절처럼 내 머릿속을 지배했다. 이것이 낙엽을 줍게 된 이유라면 이유일 것 같다.

책갈피 속 낙엽

거의 40년을 낙엽을 주워 온 것 같다. 매년 적게는 수십 개에서 수백 개까지 말이다. 긴 세월 동안, 봄의 향기와 여름의 푸름과 가을의 낙엽, 그리고 겨울의 냉한 생기를 경험하며 살았다. 이것을 직접 체험하고 느끼게 해주신 하나님, 자연 만물을 창조하신 하나님께 감사를 드린다. 특별히 가을 하늘과 낙엽을 좋아했던 나는 글을 쓰는 시인이 되어서도, 아이들을 가르치는 국어 교사가 되어서도, 결혼하고 남편이 되어서도, 두 딸의 아빠가 되어서도 낙엽을 주워왔다.

낙엽은 내 책에 들어가 짧게는 1년, 길게는 수십 년을 있어 왔다. 실제로 몇 년 이상 책갈피에 있던 것들은 마를 대로 말라, 손끝에 닿으면 바스러지기도 했다.

땅바닥에 떨어져 사그라질 낙엽, 바람이 불면 어디론가 날아가는 낙엽, 반쯤 찢겨 상처 입은 것처럼 보이는 낙엽, 그리고 하나님의 솜씨를 자랑하는 듯 붉게 물든 낙엽. 이 모든 종류의 낙엽이 책갈피 사이에서 때를 기다리고 있다.

영훈고등학교에는 나무가 많지 않다. 학교에서 가장 큰 은행나무가 베어진 후부터는 은행잎을 만날 수 없다. 다행히 예쁜 이파리를 달고 있는 나무들이 몇 그루가 있다. 올해도 낙엽을 주웠다. 혼자 주울 때도 있고, 제자들과 함께 줍기도 한다. 50대 후반 남자 선생님이 교정에서 낙엽을 줍는 모습이 특별해 보였는지, 제

주님의 사역에 이 한 장의 낙엽이, 이 한 절의 글귀가 도구로
사용되게 하소서.

자들이 지나가다 몇 개의 낙엽을 주워 건네고 가기도 했다.

낙엽을 주울 때는 마음이 겸손해지고 착해진다. 인간과 자연이 맞닿아 있기 때문일까? 흙에서 왔으니 흙으로 돌아간다는 사실은 자연과 인간이 결국 다르지 않다. 차가운 바람이 이따금 불어와 흩어져 있는 낙엽을 쓸어가도, 쾌청한 가을 하늘이 대지에 유리처럼 반사되는 듯해도, 가을이 주는 청아한 느낌은 이때가 아니고는 만끽하지 못하리라.

주워 온 낙엽을 책갈피에 끼워 넣었다. 이미 낙엽 이파리가 들어 있는 책이 수십 권이 되었다. 그 안에는 수십 년 전 낙엽도 있고, 수년 전 것도 있고, 얼마 전 것도 있다. 마음에 드는 낙엽을 꺼내 글을 썼다. 붓펜으로도 쓰고, 네임펜으로도 쓰고, 얇은 촉의 매직으로 쓰기도 했다. 그리고 코팅을 했다. 많이 말라 바스러지는 낙엽은 코팅한 다음 그 위에 글을 쓰기도 했다. 내용은 하나님께서 주시는 격려의 메시지다. 요즘 쓴 것은 이런 내용이다.

희망이 있기에 기다리며 기대하며♡

눈물의 기도에 아름다운 열매는 꼭 있다♡

절대로 절대로 포기하지 말고 견뎌내면 승리하는 거야♡

잘 하고 있는 거야. 조금만 더 힘을 내자♡

inspite of♡

노력의 열매♡

조금만 더 힘내요♡

네 앞의 삶을 부둥켜안자♡

살아있기에 감사한 오늘♡

흔들리는 성장통이 있기에 나에게 너는 아름답다. 고통 속에서 성장하고

있으니♡ 힘내

힘을 얻었어요

매일매일 코팅 낙엽 카드를 만들어 학교 복도 벽에 붙여 놓았
다. 그리고 안내문을 붙였다.

"마음에 드는 것 갖고 가도 됩니다."

시간마다 한두 개씩 사라지는 낙엽 카드를 보면서 누군가가 위
로와 힘을 얻고 평강을 누리기를 기도했다. 며칠이 지났다.

"선생님, 저 그 낙엽 하나 갖고 왔어요."

S 선생님이었다. 나는 활짝 웃으며 말했다.

"아~ 그렇군요. 선생님. 아주 작은 거예요."

선생님은 다시 말을 이었다.

"네. 하지만 너무 큰 힘이 되었어요. 작다고 하시지만, 선생님
의 사랑과 정성이 있어서요. 사실 제가 힘이 빠져 있었거든요."

S 선생님이 나에게 내민 낙엽에는 이런 글이 쓰여 있었다.

"두려워 말라 내가 너와 함께함이라(이사야 41:10)"

선생님은 투병 중인 남편을 위해 기도를 부탁하셨다. 그 마음을 잘 알기에 눈물이 핑 돌았다.

"선생님, 감사해요. 아무것도 아닌데, 힘을 얻으셨다니."

수업을 위해 교실에 들어가니, 내가 만든 큰 낙엽이 뒤 게시판에 붙어 있었다.

"선생님, 저거 제가 갖다 붙여 놨어요."

수연이가 소리쳤다.

"왜? 네가 갖지, 거기다 붙였니?"

"저 혼자 보기 아까워서요. 우리 반 애들 다 보면 좋을 것 같아서요. 그래서 붙였어요."

그 낙엽에는 이렇게 쓰여 있었다.

"because of가 아니라, inspite of의 인생으로"

작은 것에 생기를

쉬는 시간 한 여 선생님이 고개를 떨구고 복도를 지나고 있었다. 마음이 무거워 보였다. 항상 웃고 다니는 나는 더욱 환하게 웃으며 선생님께 말을 건넸다.

"선생님, 잠깐 이리 와 보셔요."

선생님은 나를 따라 교목실로 들어왔다. 나는 책상 위에 깔아놓은 코팅된 낙엽 한 무더기를 가리켰다.

"선생님, 왠지 이거 드리고 싶어요. 골라서 갖고 가셔요. 제가 직접 만든 거예요."

일순간 선생님의 눈이 커졌다.

"우와. 예뻐요. 저 두 개 갖고 가도 되나요?"

"그럼요, 선생님. 마음에 드는 것 다 갖고 가셔도 돼요."

선생님은 두 장을 골랐다. 연거푸 고맙다는 말을 하며 교무실로 발걸음을 옮겼다. 다음 쉬는 시간 복도에서 그 선생님을 만났다. 선생님은 지난 시간과는 전혀 다른 표정이었다. 발걸음도 활기찼다. 선생님은 이렇게 말했다.

"선생님, 사실은 요즘 많이 힘들고 지쳐있었어요. 선생님이 주신 낙엽 때문에 힘을 얻었어요. 책상에 꽂아놓았어요. 참 감사해요."

그 선생님이 뽑은 두 장의 낙엽에는 이런 글이 있었다.

"힘내요."

"잘 될 거야."

나뭇잎을 주워 책갈피에 끼울 때마다 기도한다.

"하나님, 이 낙엽 한 장에 생명을 더하소서. 갈라지고 찢어져 사라질 낙엽이지만, 생명을 불어넣을 때 이것을 받는 영혼이 회복되고, 힘을 얻게 하소서, 주님의 사역에 이 한 장의 낙엽이, 이 한 절의 글귀가 도구로 사용되게 하소서."

성령 하나님이 임하실 때 세상의 어떤 작은 것도 하나님의 생명의 도구가 될 수 있다. 하나님께서는 이 기도를 기뻐하신 듯하다. 그것을 보게 하시는 삶을 허락하시니 참 감사하다.

주말에 지방 집회를 갔다. 하나님께서 만드신 자연의 풍경(風景)에 놀라지 않을 수 없었다. 낙엽을 보면 그냥 지나치지 못한다. 낙엽을 줍고 또 주웠다. 강원도 원주에서는 서울로 돌아오는 길에 산등성이에 차를 잠시 세우고, 낙엽을 주웠다. 이 낙엽 한 장에 생명이 들어가며, 이 한 장으로 한 영혼이 살아나리라 믿으며 주웠다.

퇴직해서 시간이 많아지면 줍고 모아둔 낙엽에 글을 쓰고 코팅을 해서 사람들에게 선물로 나눠주어도 좋겠다는 생각을 했다. 이런 마음을 불어넣어 주시고, 낙엽 엽서를 만들게 하시고, 또한 생명과 활력의 도구로 사용하시는 하나님께 감사와 영광을 드린다.

선생님,
저 심장병이래요

퇴근 후, 한 통의 문자가 왔다.

"선생님, 저 상담 좀 해주실 수 있어요?"

내가 작년에 수업했던 남학생 재혁(가명)이었다.

"당연하지. 내일 점심에 볼까?"

"네, 선생님."

'재혁이에게 무슨 일이 있나?'

일 년 전 재혁이의 모습을 떠올려 보았다. 조용히 생활했던 아이, 활기가 없던 아이였다. 나는 하나님의 인도하심을 구하며 내일 재혁이를 만나는 가운데 성령님께서 함께해 주시길 기도했다.

재혁이는 점심시간에 나를 찾아왔다. 여전히 재혁이는 힘이 없고, 조용한 모습이었다.

"응, 재혁아. 어서 와. 이제 2학년이네."

"네, 선생님."

나는 분위기를 밝게 하며 말했다.

"그래, 재혁아. 어떤 이야기를 나누면 좋을까?"

재혁이의 표정이 다소 굳어지는가 하더니, 이내 평안한 얼굴로 이야기를 시작했다.

"네, 선생님. 사실은 제가 몸이 좀 아파요."

나는 흠칫 놀라며 되물었다.

"응? 몸이. 그랬었니?"

몸이 좀 아파요

재혁이는 이어서 말했다.

"작년에 선생님께서 혼자 외로워하지 말고, 고민하지 말고 언제든지 같이 고민하고 이야기하자고 하셨잖아요. 선생님 명함에도 그런 글귀가 있었고요. 그 명함을 계속 가지고 다녔거든요. 작년에도 찾아뵐까 했는데, 용기가 없었어요. 그런데 2학년이 되니 너무 힘이 들어서요. 몸도 안 좋고, 집도 그렇고. 꼭 찾아뵈어야겠다고 생각했어요."

"그랬구나. 재혁아, 연락 잘했어. 그런데 무슨 병이니?"

"심장병이래요."

"심장병?"

"네, 그런데 저희 아버지도 심장병이에요."

나는 잠시 말을 잇지 못했다. 아이들에 대해서 어느 정도 안다고 자부해 왔다. 그런데 재혁이가 심장병이 있고, 이런 가정환경에서 있다는 사실을 처음 알았기 때문이다.

나는 마음속으로 기도하며 재혁이와 대화를 계속했다.

"꽤 오래되었어요. 아버지도, 저도요. 3, 4개월에 한 번씩 병원에 가서 진료 받고 와요. 그동안 아버지하고 저하고 병원비, 치료비 하고, 또 빚도 많아서 사는 게 힘들어요. 할아버지 할머니가 계신데, 따로 살고 계셔요. 엄마는 따로 하는 일이 없고요. 동생은 학생이고요."

"그렇구나. 재혁아, 빚이 얼마나 되니?"

"한 5억 정도요."

나의 눈이 커졌다.

"5억이라고?"

"네."

"아니, 어떻게 5억을. 그 빚을 어떻게 갚고 있는 거야?"

"검사하는 데만 1억 가까이 든 적도 있어요. 아빠랑 저랑 두 명이어서요. 다른 사람들에게 빌린 돈도 많아서 합치면 그 정도 된대요. 아무리 생각해도 갚기는 어렵겠지요. 하지만 제가 조금씩 모으고 있어요."

"응? 네가? 모으다니, 어떻게?"

"돈을 절대 쓰지 않아요. 집에서 학교까지 걸어 다녀요. 한 달에 매월 갚아야 하는 돈만 이삼천만 원 정도거든요. 사실 못 갚지요. 계속 빚이에요."

내 머릿속에는 재혁이가 집에서 학교까지 걸어 다닌다는 말이 남았다.

"집이 어딘데, 학교까지 매일 걸어 다니니?"

"번동이에요."

"번동? 번동이면 우리 학교에서 가까운 거리가 아닌데…."

"네, 40분가량 걸려요. 제 걸음으로 걸으면요."

재혁이가 등하교 시간에 운동 삼아 걷는다든가, 시간이 충분해 걷는다든가 하는 이유였다면 마음이 무겁지는 않았을 것이다. 재혁이는 돈이 없어서 등하교를 걸어서 하고 있었다.

"재혁아, 발 아프지 않니? 사실 네가 걸어 다니고 싶어서 걷는 것은 아니잖아."

"조금이라도 아껴 보려고요. 발 아프면 병원에 가서 마사지 받아요. 약물 투여만 안 하고 마사지만 받으면 저는 그냥 공짜로 해주세요. 법으로 저희 가정이 그렇게 되어 있나 봐요. 아프면 마사지 받고, 걷고, 그렇게 지내고 있어요."

나는 재혁이의 눈을 보며 말했다.

"재혁아, 너 참 기특하다. 인내심도 대단하고. 요즘 40분씩 걷는 게 너희들한테 쉽지 않을 텐데, 대단해. 부모님 생각도 그렇게 하고. 무엇보다 네 이야기를 나에게 해주어 고마워."

재혁이도 나의 눈을 또렷이 응시하고 있었다. 나는 말을 계속 이어갔다.

"재혁아, 네 이야기를 듣다 보니까 나는 이런 생각이 들어. 네가 5억이라는 빚에 묶여 있으면 항상 힘들어. 해결할 수 없는 액수이기도 하고. 네가 차비를 아껴 조금이라도 갚으려는 마음은 정말 기특해. 하지만, 현실적으로는 사실 평생 모아도 모으기 힘든 금액일 수도 있잖니? 이렇게 생각해 봐. 네가 걸어 다니다가 다리가 잘못되면, 아끼는 돈보다 더 큰 돈이 들지 않을까? 그것은 부모님에게 더 큰 부담이 되고. 그래서 네가 지하철이나 버스를 타고 등하교를 하면 좋겠어. 그리고 정상적으로 학교생활을 하고. 힘차게 말이야. 내가 알기로 너 교회 다니는 걸로 알고 있는데 맞니?"

슬퍼하지 마

재혁이는 고개를 끄덕였다.

"그래, 그럼 하나님께 더욱 기도하며 나아가자. 넌 기도할 수 있는 아이잖아. 상황이 당장 변하지 않아도 하나님께서 너에게 더욱 힘을 주실 거야. 또 하나님은 이 문제를 해결해 주실 수도 있는 분이니까. 그러니까 더욱 하나님께 매달리며 기도하자. 나도 너와 네 아버지 그리고 가정을 위해 매일 기도할게."

나는 재혁이를 붙잡고 하나님의 인도하심을 구하며 기도했다. 하나님께서 재혁이와 가족들에게 위로와 평강을 주시길 기도했다. 그리고 재혁이와 아버지가 심장병의 고통에서 해방되고, 물질도 해결되기를 기도했다. 재혁이와 나는 기도하면서 하나님께서 주시는 평안을 맛보았다. 기도를 마치고 나는 재혁이에게 말했다.

"재혁아, 하나님께서 나에게 원하시는 것이 있어. 이렇게 하면 좋겠다. 일단 네 교통비는 선생님이 후원할게. T-money 있지? 충전하는 거는 내가 감당해도 좋겠다는 생각이 들어. 대신 약속 하나 하자. 오늘부터 버스나 지하철로 학교 다니는 거야. 응? 그리고 주눅 들지 말고, 기도하며 힘차게 헤쳐나가자. 이제 네 상황을 더 잘 알았으니 기도하면서 도울 길을 찾아볼게. 어때?"

재혁이는 고개를 끄덕였다. 재혁이의 눈빛은 나를 찾아왔을 때와는 다르게 생기가 돌았다. 하나님께서 주시는 활력과 힘, 생기를 경험하는 재혁이의 눈빛을 보는 내 마음에도 하나님의 따사로움이 풍성하게 넘쳤다.

재혁이와 재혁이 가정의 기도 제목을, 함께 기도하는 동역자들에게 나누었다. 재혁이와 그의 아버지도 오랫동안 심장병을 앓아서 육체적으로 경제적으로 무척 어렵다는 사실, 그리고 재혁이 어머니가 혼자 생계를 책임져야 하는 상황이라 이 가정에 새로운 활력이 필요하다는 사실을 놓고 기도를 부탁했다. 많은 분이 기도하겠다고 답을 주셨다. 물질로 후원하고 싶다는 뜻을 전한 분도 있었다. 나는 재혁이의 통장 계좌를 보내드렸다. 그렇지 못한 상황에서는 직접 전달해 주기도 하였다. 재혁이를 후원해 주신 분들에게 깊은 감사를 드린다.

저도 도우며 살 거예요

재혁이가 찾아왔다. 재혁이는 밝아져 있었다. 심한 운동은 하지 못하고 쉽게 피로를 느끼지만 요즘 생활이 괜찮다고 했다.

"밥 먹을까?"

재혁이는 고개를 끄덕였다. 이른 시간이지만 저녁을 먹기로 했다.

"재혁이는 뭘 잘 먹니?"

"저는 밥 좋아해요."

나는 웃으며 말했다.

"고기가 아니고?"

재혁이도 웃으며 말했다.

"네, 선생님. 고기는 소화가 잘 안 돼요. 면도 좋지 않고요. 그냥 밥이 좋아요."

나는 재혁이를 데리고 학교 근처 식당으로 갔다.

그날 백반에 미역국이 있었다.

"저 미역국 좋아해요."

미역국을 주문했다.

왠지 아이들은 미역국을 좋아할 거 같지 않았는데 재혁이는 미역국 그릇에 고개를 묻다시피 하고 먹었다.

'배가 고팠던 탓일까. 아니면 미역국을 너무 좋아해서? 며칠 굶었나?'

여러 생각이 스치면서 눈물이 하염없이 흘렀다. 심장병을 앓으며 평생 살아야 하는 아이의 모습이 떠올라서일까? 먹는 모습이 너무 애잔해서일까? 재혁이와 눈이 마주칠까 봐 얼른 눈물을 감추고, 일부러 웃음 띤 얼굴로 말했다.

"재혁이 생각보다 잘 먹는데, 한 그릇 더 먹을래?"

재혁이는 고개를 들더니 미소를 띠며 말했다.

"그래도 돼요?"

미역국이 나오자, 재혁이는 또 국그릇에 머리를 묻고 먹기 시작했다.

식사를 마친 재혁이에게 물었다.

"선생님, 그런데 제 통장에 돈이 많이 들어왔어요. 한 달 새에 120만 원이나요. 여러분이 보내셨다는데 다 누구신가요? 엄마가 너무 감사하대요."

나는 웃으며 말했다.

"모두 기도하시는 분들이야. 나도 모르는 분들이 있어. 하나님께서 마음을 주셔서 너를 도우시는 거지. 그분들에게도 하나님께도 감사해야겠지?"

재혁이는 고개를 끄덕이며 말했다.

"네, 선생님. 저도 나중에 꼭 어려운 사람들 도우며 살 거예요. 통장에 들어온 돈은 찾아서 엄마 드렸어요. 엄마가 그동안 힘들어 하셨는데… 돈도 돈이지만, 도와주신 분들의 마음이 너무 고마워서 힘이 나신대요. 선생님 덕분에 우리 가족이 예전보다 즐거워졌어요"

재혁이가 이렇게 말이 많았던가? 그만큼 재혁이가 마음이 편해지고, 힘을 얻은 것이다.

주님께서 재혁이를 만나게 하시고, 이렇게 격려하도록 인도해 주신 것에 대해 감사의 기도를 드렸다.

우리 정말
못 알아보시나 봐

쉬는 시간, 교목실 앞 풍경은 간식을 타가기 위해 아이들이 긴 줄을 선다. 수업 시작종이 울렸는데 여학생 두 명이 교실로 가지 않고 빼꼼히 교목실 안을 들여다보고 있었다. 나와 눈이 마주친 순간 두 아이들은 배시시 웃었다. 나는 간식을 달라는 줄 알고 이렇게 말했다.

"에구, 수업 종이 울렸는데, 간식 달라고? 빨리 와서 가지고 교실로 달려가렴."

그때였다. 한 아이가 내 눈을 똑바로 쳐다보며 눈을 마주치려 했다.

"왜?"

나는 왠지 여유까지 부리는 아이가 이상해서 물었다.

"선생님, 우리 정말 못 알아보시나 봐."

나는 '앗차!' 싶었다. 가끔 졸업생이 와서 자기들을 '알아보나 못 알아보나'를 시험할 때가 있다. 더욱이 요즘은 학교에서 거의 교복을 입고 있지 않아, 재학생과 졸업생을 구분하기가 힘들다. 나는 기억을 더듬었다.

"선생님, 못 알아보셔도 괜찮아요. 선생님께서 저희 3년간 가르치신 적 없었거든요. 히히."

"그래? 그렇구나. 너희 언제 졸업생이지?"

"작년 2월에요. 그러니까 2017년 2월요."

그렇다면 내가 고 3 생활교양반 아이들을 담임했던 2016년 아이들과 동기였다. 학교에 적응하지 못하는 아이들을 모아 한 반을 만들었고, 그 담임을 자원해서 맡았던 바로 그 시기였다. 하나님께서는 그때 아이들을 만나주시고, 변화시켜 주신 놀라운 일이 많았다. 그 아이들의 이야기가 한 권의 책으로 나오기까지 했다. 나는 활짝 웃으며 말했다.

"그래도 미안하다. 얼굴과 이름을 내가 알았으면 바로 이름을 불러주었을 텐데. 나는 담임도 아니고, 수업 시간에 가르치지도 않았는데, 고맙게도 나를 찾아 왔네?"

두 아이 중 키 큰 아이가 이렇게 말했다.

"선생님, 제 이름은 현이고요. 얘는 윤이예요. 사실 저는 선생님 수업을 받은 적은 없지만, 선생님하고 이야기도 하고, 선생님께서 기도도 많이 해주셨어요. 그래서 학교 찾아오면 꼭 뵈어야겠다고 생각해서 왔어요."

"응? 내가? 그랬니? 에구. 그랬구나."

"네, 선생님. 저, 선생님 반 했던 아이 있잖아요. 쌍둥이요. 그 아이하고 항상 선생님 반에서 놀았는데 생각 안 나세요?"

그 말을 듣자 두 아이가 떠올랐다. 우리 반 회장이던 키가 작고 성실했던 연이. 그 아이의 단짝 친구가 있었다. 무척 쾌활하고 명랑한, 그리고 노래를 좋아했던 아이. 키가 170센티미터가 넘는 아이, 현이였다. 나는 그제야 2년 전 일이 떠올랐다. 내 앞에 있는 현이가 또렷이 기억났다.

"아, 너 현이로구나."

현이는 활짝 웃으며 말했다.

"네, 선생님. 이제 생각나세요? 정말 반가워요. 선생님. 그리고 고맙습니다."

"응? 뭐가?"

"네, 저 대학에 합격했거든요. Y대 실용음악과요. 이번에 합격했어요, 선생님."

"우와, 잘 됐다. 정말 감사하다. 축하해."

현이도 기쁘게 웃으며 말했다.

"선생님, 사실은 대학 합격도 기쁘지만, 선생님께 꼭 드리고 싶은 말이 있었어요.”

나는 현이의 눈을 주시했다.

“선생님, 선생님께서 제가 대학 준비할 때, 만날 때마다 기도해 주셨거든요. 저, 보컬로 실용음악과 가려고 준비하고 있었잖아요. 사실 그때 저는 기독교인도 아니고, 하나님도 잘 몰랐어요. 그런데 지금 교회 나가요. 교회에서 찬양 팀이고요. 싱어도, 때로는 반주도 해요. 다 선생님 기도 덕이라는 생각이 들었어요. 교회에서 성경공부를 하다가 누군가 기도해 줘야 한 영혼이 살아난다는 걸 알았거든요. 저를 위해 기도해 주신 유일한 분이 선생님이셔요. 그래서 선생님 뵙고 꼭 이 말씀을 드리고 싶었어요. 저, 교회 나가고 있다고요. 정말 감사드려요. 그리고 얘도 곧 교회 나갈 거예요. 제가 전도 중이거든요. 선생님도 윤이 위해서 기도해 주세요.”

현이의 말에 고개를 끄덕이는 윤이의 모습에 감사와 기쁨의 눈물이 핑 돌았다. 저절로 기도가 나왔다. ‘하나님, 감사합니다. 아이들을 인도하시는 하나님 찬양합니다.’

현이와 윤이와 이야기를 나누며 현재 나의 삶을 다시 떠올렸다. 하나님께서 주시는 깨달음을 얻게 되었다. 지금의 상황이나 아이들의 현재 모습을 보며, 염려나 걱정이 아니라, 하나님 앞에 예수 그리스도의 이름으로 기도하며 나아가는 것이 얼마나 중요한지,

시간이 주어질 때마다 아이들을 위해 기도하는 것이 얼마나 중요한 일인지를 말이다. 하나님의 때에 하나님께서 열매를 맺어 가신다는 놀라운 사실을 하나님께서는 현이를 통해 다시 깨우쳐주고 계셨다. 나는 윤이와 현이에게 성구 서표 말씀을 뽑도록 했다. 그리고 두 아이를 축복하며 기도했다.

"하나님, 감사합니다. 하나님의 때에 하나님의 방법으로 현이를 만나주시고, 기도하는 귀한 청년 되게 하신 것 감사합니다. 좋은 달란트를 주셔서 실용음악으로 하나님께 영광 올려드리는 현이를 축복하시고, 하나님께서 현이를 사용하셔서 영광 받아주시옵소서. 진심의 기도에 응답하시는 하나님께서 윤이에게도 동일한 은혜를 주십시오. 윤이를 꼭 만나주실 줄 믿습니다. 사랑하는 두 제자가 이 시대에 하나님의 사명자로 살아갈 수 있도록 인도하여 주시옵소서."

하나님께서 주시는 은혜와 기쁨의 감격이 우리 세 사람을 따뜻하게 감싸고 있었다.

담배 피우면 받는 벌

우리 반 3학년 생활교양반 아이들과 점심을 같이 했다. 학교 앞 '오동도'라는 식당에서 밥을 먹었다. 아이들은 이 식당의 김치찌개를 가장 좋아한다. 마침 외부 강사의 수업이 있어서 그분들도 같이 식사하며 여러 이야기를 나누며 즐거워했다.

점심을 마치고 식당을 나오는데, 준성이가 외쳤다.

"선생님, 쟤네 보세요."

준성이가 가리키는 식당 옆 골목에서 남학생 둘이 마주 보고 있었다. 둘이 머리를 맞댈 정도로 가까이 있어, 순간적으로 '싸움을 하는 건가'라고 생각했다.

"쟤네들 몇 학년이니?"

"2학년예요. 선생님, 쟤네들 잡아야죠. 그냥 두면 안 되죠."

"왜?"

"담배 피우는 거예요."

"아! 그렇구나."

나는 달려가듯 빠른 걸음으로 아이들에게 다가갔다.

아이들은 순간 당황해 주춤거리며 "도망, 도망." 중얼거리더니 두 아이가 동시에 몸을 '홱' 돌려 달아나기 시작했다. 이럴 때 아이들은 빛의 속도를 낸다. 우리 반 아이들이 나에게 다가왔다.

"선생님, 쟤네 어떻게 하실 거예요?"

"하하, 걱정 마. 선생님이 다 생각이 있어. 너희들 혹시 쟤네들 누군지 아니?"

준성이와 몇 명의 아이들이 동시에 대답했다.

"당연히 알죠. 선생님."

담배를 피우며 어울리는 아이들, 속칭 노는 아이들은 서로를 잘 안다. 혹시 잘 몰라도 아이들끼리 연락하면 결국 알아낸다. 같은 공동체의 아이들을 동원하면 아이들을 쉽게 찾을 수 있다.

나는 사실 담배 피우던 아이들을 그 자리에서 혼낼 마음이 없었다. 아이들을 붙들어 훈육한다고 해서 아이들이 변하지 않는다는 것을 잘 알고 있기 때문이다. 골목에 나와 담배를 피울 정도면, 한 번의 훈계가 아닌 지속적인 관심과 노력, 그리고 하나님께서 이 아이들에게 허락하시는 방법이 필요하다.

"얘들아, 그럼 그 두 녀석한테 연락해서 내가 있는 교무실로 오도록 해줘라. 가능? 불가능?"

"당연히 가능요."

준성이와 아이들은 즐거운 얼굴을 하며 경쾌하게 대답했다.

교회 가는 벌(?) 받을래요

다음 날 오전 두 아이가 나를 찾아왔다. 이름은 남규와 빈이. 나는 그 아이들을 보는 순간 웃고 말았다. 이럴 때는 왜 아이들이 더 사랑스럽게 보이는지 모르겠다. 담배를 피우다 걸린 아이들이 숨지 않고 선생님을 찾아오는 모습이 순수했다. 하지만 나와는 달리 두 아이의 표정은 굳어 있었다. 나는 웃으며 말했다.

"너희들 어제 거기서 뭐 한 거니?"

"담배 피웠습니다."

"그래. 담배 피우는 것이 학칙상 금지되어 있는데, 어떻게 하면 좋을까? 그냥 학교에서 주는 벌을 받을래? 아니면 내가 주는 벌을 받을래?"

아이들의 눈빛이 순간 반짝였다. 그러더니 한목소리로 말했다.

"선생님이 주는 벌을 받고 싶습니다."

"그래? 너희들은 내가 주는 벌이 무엇인지 알고나 있니?"

"네, 선생님. 기도할 거라는 거 알고 있습니다."

"그래, 어떻게 알았지? 내가 너희들 가르친 적이 없는 것 같은

데. 하여튼 좋아. 당연히 기도하지. 근데 이것이 한 번이 아니라, 너희들 담배 끊을 때까지 할 것 같은데, 어떠니? 그냥 학생부실로 갈래? 아니면 같이 끊으려고 노력할래?"

아이들은 망설이지 않고 대답했다.

"네, 선생님. 끊으려고 노력하겠습니다. 하라는 대로 하겠습니다."

나는 마음속으로 기도하고 있었다.

'두 아이를 붙여주신 하나님. 이 아이들 담배 피우는 것을 끊는 부분적인 것보다 더 중요한 영혼 구원의 뜻을 이루소서. 둘 다 신앙생활을 하지 않는다 하니, 이번 기회를 통해 두 아이를 만나주소서. 교회로 인도하시고, 나쁜 것은 끊게 하시고 천국 백성 삼아 주시옵소서.'

나는 두 아이에게 밝은 표정으로 말했다.

"그럼 너희들 좋아. 일단 선생님하고 교회에 가서 예배 한 번씩 드리는 것 어때? 벌칙이라고 생각해도 되고."

아이들은 이 말에도 즉시 반응했다.

"네, 좋습니다. 선생님. 예배 드리겠습니다. 그런데 교회는?"

"우리 학교 소강당에서 예배 드리잖아. 영훈오륜교회라고 학교 안에서 교회가 시작되었잖니? 일단 선생님하고 그 예배 참석하면서 적응해가면 좋을 것 같아. 괜찮겠니?"

"네, 선생님. 그런데 계속 다니는 건 제가 결정하면 안 될까요? 저희 집이 불교거든요."

"당연히 그래야지. 하지만 일단 나하고 예배 한 번은 드리고 다시 얘기 나누면 어때?"

"네, 알겠습니다."

남규는 바로 다음 주일에 교회 와서 예배를 드리기로 했다. 빈이는 주말에 1박 2일로 지방에 가야 해서 수요 예배에 오기로 했다. 나는 이야기를 마치고 복도에서 아이들을 붙잡고 기도했다.

"하나님, 감사합니다. 사랑하는 우리 아이들 담배를 피우다가 이렇게 걸려서 야단을 맞아야 하지만, 하나님께서 마음을 주셔서 교회로 인도하여주시니 감사합니다. 무엇보다 우리 아이들의 내면이 바뀌게 하옵소서. 십대를 지나면서 가장 중요한 예수 그리스도를 만나게 하여주시고, 삶이 바뀌고 세상에 아름다운 주님의 영향력을 미치는 인생이 되게 축복해 주시옵소서."

계단에서 기도하는 우리 모습을 보고 깔깔대며 웃는 아이들을 아랑곳하지 않고, 남규와 빈이 그리고 나는 하나님의 인도하심을 구했다.

남규는 약속대로 주일 9시 예배에 처음으로 참석했다. 영훈고등학교 소강당 '영훈오륜교회'에서 우리는 함께 찬양하고 기도했다. 나는 기도하며 남규의 손을 꽉 잡아주었다. 이 아이를 인도해 주신 하나님께 감사하며 눈물을 흘렸다.

한 영혼을 천하보다 귀하게 여기시는 하나님, 남규의 마음이 어색하거나 불편하지 않기를, 주님께서 깊이 만나주시기를 소망하며 기도했다. 남규는 그날 새신자로 교회에 등록했다.

오~예스를
외치는 아이들

　학교에서 근무하는 공간은 교목실이다. 교목실이 처음 만들어졌을 때 어떤 아이가 복도를 지나가며 친구에게 하는 말을 들었다.

　"교목실이 뭔지 아니?"

　그때 다른 아이가 이렇게 대답했다.

　"그것도 모르냐? 인마. 학교 나무를 보관하는 온실, 교. 목. 실. 아냐?"

　그 대화를 듣고 나는 혼자 깔깔대고 웃었다. 그 녀석이 한자로 교목실의 의미를 나름대로 풀었다는 사실이 기특했다.

　영훈고등학교가 기독교학교가 되었지만, 오래된 기독교학교와 비교할 때, 완연한 기독교학교로서의 모습을 아직 갖추지 못했다. 그런데도 여러 종교 활동을 할 수 있게 되어 매우 감사하다. 하나님께서는 예전이나 지금이나 동일하게 계신다. 영훈고등학교가 비기독교학교일 때도 길을 만들어주셨다. 그것이 간증이 되게 하셨다. 그리고 기독교학교인 지금도 그 길을 만들어 가고 계신다.

작년에 이어 올해에도 하나님께서, 매주 학생 채플과 더불어, 교사기도회, 학부모기도회, 학생기도회, 선교부장 리더십 세미나, 크리스천 워크숍, 청소년 캠프, 문화 채플, 고 3 격려 콘서트, 교직원 경건회, 부모와 자녀가 함께하는 클릭 통통통, 자녀를 위한 학부모 세미나, 비전트립, 봉사 활동, 성경 암송대회, 가스펠 경연대회 등 여러 활동을 허락하셨다.

하지만 행사보다 더 중요한 것은 영혼의 변화다. 사람과 사람이 만날 때, 복음의 접점이 생긴다. 학교는 관계 형성에 매우 중요한 장소다. 교사들과 학생 지체들을 거의 매일 만나기 때문이다. 관계를 잘 형성하는 것은 예수님을 믿는 사람으로서는 더할 나위 없이 중요하다. 나는 동료 교사와 학생들을 계속 만나야 하는 위치라, 매 순간 성령님의 인도하심을 구한다.

교목실은 언제나 시끌벅적

아침부터 저녁까지, 쉬는 시간이나 야간 자율학습 시간에 아이들은 교목실로 찾아온다. 그리고 외친다.

"오예스 주세요." "마이쮸 주세요."

나는 항상 교목실에 간식을 준비해 둔다. '오예스'와 '마이쮸'는 떨어지지 않도록 한다. 거기에는 이유가 있다. 아이들이 자주 찾아오기 때문이다. 무더기로 오기도 하고 쉬는 시간마다 오는 아이도 있다.

"선생님, 오예스 주세요."

그럼 나는 이렇게 말한다.

"오예스 한 번 외쳐 봐."

아이들은 오예스를 외친다.

"오예스!"

나는 고개를 저으며 말한다.

"아니 아니, 그렇게 말고. 나를 따라 해 봐. 오~! 예쓰(쑤)!"

아이들은 재미있다는 듯 따라 한다.

"오~! 예쓰(쑤)!"

"오~!"를 좀 길게 발음하고, "예쓰!"를 강하게 발음해야 한다. 정확히 나를 따라 할 때 나는 오예스를 준다. 복도에 길게 서서 "오~! 예쓰(쑤)!"를 외치는 아이들을 보면서 영훈고등학교에 계시는 예수님을 느낀다.

마이쮸를 달라는 아이도 있다. 그럼 오예스와 비슷하게 아이들에게 말한다.

"마이쮸! 외쳐 봐."

"마이쮸!"

나는 아이들에게 또 따라 하라고 했다.

"마이~ 쮸(주)!"

"마이~쮸(주)! 마이~쮸(주)!"

결국 오예스와 마이쮸가 하루 종일 떠나지 않는다. 예수와 주님을 외치는 아이들로 영훈고등학교는 기쁘고 즐겁고 행복한 기독교학교로 가고 있다.

어느 날 기도하는데 하나님께서 한 가지 깨달음의 음성을 들려주셨다.

"오예스와 마이쮸 뒤에 님자를 붙여라."

"오 예스(예수)님! 마이 쮸(주)님!"

"오 예수님, 나의 주님."

우리 학교
미쳤어!

아이들은 왜 항상 배가 고플까? 먹는 것을 왜 그리 좋아할까? 먹고 먹어도 항상 허기진 것은, 배가 고파서라기보다는 '영적 허기'가 아닐까? 사랑을 담는 그릇에 다 채우지 못한 결핍 때문일까? 사랑의 결핍말이다. 결국 아이들에게 주어야 할 것은 '사랑'이다.

사랑은 이론이 아니라 실천이다. 그래서 행함이 필요하다. 일단 배고픈 아이들에게 '오예스'를 주고, '마이쮸'를 주고, 또 다른 먹을 것을 원할 때마다 사랑을 표현했다.

올해 1학년과 2학년은 원하기만 하면 교목실로 와서 간식을 먹을 수 있다. 채플 시간에도 먹을 수 있다. 하지만 고 3은 그럴 기회가 별로 없다. 채플과 여러 기독 활동에는 간식을 준비하는데,

고 3은 정기 채플도 없고, 기독교 프로그램도 하지 않기 때문이다. 그래서 고 3들을 먹이고 싶다면 따로 관심을 가지고 챙겨주어야 했다.

달려라, 교목실로

아침에 가끔씩 "배고파요."하는 소리가 들린다. 환청인지, 하나님께서 듣게 하시는지 모르지만 그 소리가 들리면 나는 움직인다. 그날도 그랬다. '고 3 학생들에게 간식을 챙겨 주라, 사랑을 표현하라.'는 음성을 듣고, 나는 어떻게 나눠주면 좋을지를 하나님께 지혜를 구했다.

수능을 앞둔 날이나 학교 정기 고사를 앞두고 전체 학생에 나눠 준 적이 있지만 이날은 달랐다. 적은 것이지만, 아이들에게 활력을 불어넣는 것이 간식의 양보다도 중요했다.

그래서 하나님께서 주신 마음을 행동에 옮겼다.

나는 수업이 없는 2교시에 교감 선생님께 갔다.

"교감 선생님, 저하고 봉사 좀 하시죠?"

"아~ 네. 뭘 하면 될까요?"

"이 시간 마치고 제가 고 3들만 방송할 겁니다. 그때 코이노니아실에서 내려오는 고 3들에게 간식을 나눠 주시면 돼요."

교감 선생님은 고개를 끄덕였다.

2교시 수업을 마치는 종이 울렸다. 나는 고 3 교실에만 방송이 되도록 스위치를 올렸다. 그리고 낮은 목소리로 말했다.

"사랑하는 고3 여러분! 교목실입니다. 지금 고 3학생들 여러분들 반에만 방송하는 겁니다. 내일 모의고사가 있죠. 힘들죠? 여러분 격려합니다. 지금 배고픈 사람들, 교목실 옆 코이노니아실에 간식이 준비되어 있으니….."

그때였다. 내가 방송을 하는 2층 교무실 위, 3층 3학년 교실에서 '와다다다' 소리가 나기 시작했다. 고3 아이들이 뛰기 시작한 것이다.

" … 내려오시기 바랍니다."

나도 방송을 마치고 냅다 뛰었다. 계단과 복도를 나도 뛰고, 고3 아이들도 뛰었다. 뛰다가 나와 눈이 마주친 남학생이 나에게 손가락 하트를 보내며 외쳤다.

"뀨!"

코이노니아실 앞에 아이들이 벌써 30여 명이 몰려 있었다. 아이들은 복도까지 길게 줄을 섰다. 그리고 차례를 기다렸다. 순간 '하하, 이게 뭐라고.' 이런 생각이 들었다. 하지만 '이게 뭐가'가 아니었다.

교감 선생님이 '오예스'를 한 개씩 나눠주고, 내가 '마이쮸'를 두 알씩 나눠주었다. 아이들은 무척 즐거워했다.

"선생님, 감사합니다."

"우리 학교 최고예요. 이런 것도 있고요."

이런 인사는 충분히 예상할 수 있다. 그런데 한 여학생이 활짝 웃으며 나를 보고 말했다.

"우리 학교, 정말 미쳤어요. 최고예요."

행복은 작고 소소한 것에서

지나가는 선생님들이 줄 서서 기다리는 아이들을 보다가 코이노니아실로 들어오셨다.

"무슨 일인가 했더니, 잔치가 열렸네요. 하하하."

"자~ 선생님도 오예스 하나, 마이쮸 두 개. 하하하."

아이들도 선생님들도 2교시 쉬는 시간은 즐거웠다. 쉬는 시간 10분 동안 고 3 아이들 150명가량이 간식을 받아갔다. 아이들은 작은 것에 큰 감동을 표했다. 왜일까? 아이들은 '오예스'나 '마이쮸' 같은 간식보다 더욱 큰 것을 받았기 때문이다. 자신들을 향한 어른들의 마음, 선생님이 나누어 주는 간식에 담긴 '사랑'을 받아 간 것이다. 또한 그것을 행하신 '하나님의 마음'을 전달받아 간 것이다. 아이들에게 사랑을 전할 수 있게 지혜를 주신 하나님께 영광과 감사를 드린다.

K 선생님께서 고 3들에게 깜짝 간식을 나눠주신 것을 알고, 나에게 이런 말씀을 주셨다.

"선생님, 요즘 '소확행'이란 말이 있어요. '작은 것에 확실한 행복'이 있다는 것인데, 오늘 고 3 아이들 간식을 주는 것을 보며, 그런 생각이 들었어요. 부귀영화를 누리던 사람들이 시골로 거가나 작은 밭을 일구며 산다든다 하는 것 말예요. 그게 진짜 행복이라고 느끼는 삶 같은 거요. 사실 오늘 고 3들한테 준 것은 작은 간식인데, 생각해 보니까 아이들 입장에서는 매우 큰 것으로 받아들였을 것 같아요. 소확행을 경험하는 학교, 참 좋네요."

간식 받기 행진은
오늘도 계속

　학교 매점이 없어졌다. 좀 더 구체적으로 말하면 매점을 새롭게 꾸미기 위해 새로운 주인을 들일 준비를 하고 있었다. 여름 방학 전에 이미 공지가 되었고, 2학기 개학 전에 더 좋은 매점이 생길 것이라는 바람과 달리 매점 오픈은 지체되고 있었다.

　이번에 계약이 만료된 매점은 2004년도부터 운영되어 왔다. 14년 가량을 해왔던 것이다. 매점 아주머니는 아이들과 사이가 좋았다. 아이들도 매점 아주머니와 헤어지는 것을 아쉬워하였다. 영훈고등학교, 영훈국제중학교와 초등학교까지 포함하면 학생 2,500명가량이 매점을 이용했다. 수입이 괜찮은 자리라고 생각할 수 있을 것 같다. 개학한 후, 새로운 매점을 기대했던 아이들은 매점이 사라지자 불편해했다. 아직 더위가 가시지 않던 때다. 급기야 남학생들 무리가 쉬는 시간과 점심시간에 학교 밖에 가서 음료수나 아이스크림을 사 먹는 일이 발생했다. 아이들을 통제하고, 밖으로 나가지 말라고 했지만 소용없었다. 매점이 하루라도 빨리 생겨야 해결될 문제였다.

교목실을 임시 매점으로

어느 날 아침, 기도하는데 하나님께서 주시는 마음이 있었다.

'아이들에게 간식을 나눠 주어라. 교목실에서 간식을 주는 것은 단순히 먹는 것 이상의 의미가 있을 것이다.'

매점이 있던 기간에도 교목실은 간단한 간식을 준비해 놓고 있었다. 친구가 없거나, 친구들과의 관계가 힘든 아이들이 가끔 찾아오기 때문이었다. 그 아이들은 식당에서 혼자 밥 먹기가 어려워 굶기도 했다. 그래서 나는 컵라면도 준비해놓았다.

그런데 하나님께서는 이외에도 지속적으로 아이들의 간식을 준비하라고 하셨다. 하나님께서 어떤 일을 계획하실지는 모르지만, 어쨌든 하나님께서 마음을 주실 때는 순종했다. 나는 마음을 주신 하나님께 기도하며 하나님의 인도하심을 구했다.

나는 다음 날 아침에 교실에 이렇게 방송을 했다.

"여러분, 학교에 매점이 없어져서 많이 불편하죠? 그래도 더 좋게 매점을 만들려고 학교에서 준비하고 있으니까 조금만 참아주세요. 그리고 교목실에서 여러분들에게 작지만 간식을 준비해 놓았습니다. 간식이 필요한 친구들은 밖으로 나가지 말고 교목실로 오세요."

방송을 마치기도 전에 아이들이 교목실로 달려가는 소리가 났다. 나도 마이크를 내려놓고 부리나케 달려 교목실로 뛰었다. 교목실 앞에는 이미 많은 아이가 줄을 서 있었다. 얼핏 보아도 백 명은 넘어보였다.

나는 아이들에게 '오예스' 한 개와 '마이쮸' 두 개씩을 나눠주었다. 아이들은 감사하다는 말을 연거푸 했다. 작은 것에 감사하는 제자들이 무척 사랑스러웠다. 쉬는 시간 10분 동안 약 200명이 다녀갔다. 그다음 쉬는 시간에도 아이들이 왔다. 오예스 수백 개가 3교시가 되기 전에 동이 났다. 고등학생만 1,400명이니까, 그럴 법도 했다. 계속 서서 나눠주고 격려의 말을 하니, 다리도 아프고 피곤했다. 하지만 아이들이 즐거워하니 견딜 수 있었다. 하나님께서 시키시는 일을 피곤하다고 멈출 수는 없었다. 하나님의 계획이 있다고 하셨으니까 말이다. 나는 잠시 기도했다.

"하나님, 감사합니다. 우리 아이들이 참 기뻐하네요. 그런데 하나님, '오예스'가 다 떨어졌습니다. 어쩌면 좋습니까? 간식을 나눠주라고 하셨잖아요. 아버지 하나님, 저보다 돈 많으시죠? 알아서 잘 해결해 주실 줄 믿습니다."

간식이 채워지다

그다음 쉬는 시간에 찾아오는 아이들에게는 오예스가 없어서 남겨둔 '마이쮸'와 '땅콩캐러맬', '청포도 사탕'을 나눠주었다. 무엇보다 기도가 우선이었다. 동역자들의 기도도 필요했다. 나는 기도의 동역자들에게 기도 요청을 보냈다.

"여러분, 매점이 사라졌습니다. 기도하는데 하나님께서는 교목실에서 간식을 감당하라고 하십니다. 그래서 순종하는데 공급이 매우 부족하네요. 매점이 예정한 날보다 빨리 생기든지, 아니면 교목실에 간식이 끊어지지 않도록 기도 부탁드립니다. 오늘 약 200명이 넘는 아이들이 교목실에 다녀갔습니다. 당분간 저는 영훈고 매점 아저씨로 살아가야 할 것 같습니다. 기도 부탁드립니다."

그날 오후 교회에 출석하시는 분이 갑자기 연락하셨다.

"선생님, 제가 영훈고 아이들을 위해서 오예스 1,000개를 기증하겠습니다. 저녁때 계신가요? 싣고 가겠습니다."

그리고 그날 저녁 8시 35분, 약속대로 '오예스' 1,000개를 차에 싣고 학교로 찾아오셨다. 마침 야간 자율학습 하던 남학생 세 명을 하나님께서 보내주셔서 함께 나르고, 분류했다.

다음 날 또 방송했다.

"여러분! 오늘 아침도 간식이 준비되어 있습니다."

오예스 1,000개가 오전에 동이 났다. 아이들이 뻥튀기와 강냉

'아이들에게 간식을 나눠 주어
라. 교목실에서 간식을 주는 것
은 단순히 먹는 것 이상의 의미
가 있을 것이다.'

이도 좋아한다는 말이 생각나서 급한 김에 쉬는 시간에 달려나가 뻥튀기 집을 찾아갔다. 대용량 뻥튀기 한 꾸러미를 20,000원에 샀다. 강냉이도 대용량으로 사서 끙끙대며 들고 학교로 왔다.

'아이들이 강냉이를 과연 좋아할까? 뻥튀기를?'

그러던 중 저녁 무렵 또 어떤 분이 연락이 왔다.

"선생님, 제가 강냉이 좀 샀는데 학교로 가지고 가겠습니다."

놀랍게도 내가 강냉이를 산 그날 저녁, 강냉이 대용량 세 포대를 전달 받았다. 하나님께서는 참으로 재미있게 아이들의 간식을 채워가셨다.

다음 날, 아이들에게 방송을 했다.

"여러분! 오늘은 색다른 간식을 준비했습니다. 뻥튀기와 강냉이입니다."

또 교실에서 "우다다다" 뛰쳐나오는 소리가 났다.

순식간에 수백 명의 아이가 줄을 섰다. 지나가는 선생님들이 이 진풍경을 보며 웃음을 띠었다. 나는 줄을 선 아이들에게 뻥튀기 한 개씩과 강냉이 한 컵씩을 작은 비닐봉지에 담아주었다.

"선생님, 저 많이요."

"선생님, 배고파요. 더 주세요."

그런 아이들은 덤으로 조금씩 더 주었다.

"선생님, 우리 배급 받는 것 같아요. 재밌어요. 하하하."

아이들은 이 상황을 무척 즐거워했다. 나도 못 보던 아이들의 얼굴을 한 명 한 명 보며, 짧게라도 격려할 수 있어 좋았다.

뻥튀기를 받던 고 3 여학생이 말했다.

"선생님, 저 이거 뽑아도 되나요?"

성구 서표를 가리키고 있었다.

"그럼, 당연하지. 자."

하나님의 말씀을 뽑는 아이의 얼굴이 환하게 피어올랐다. 뒤의 아이들도 간식을 받으며 성구 서표를 뽑아 갔다. 예상과 달리 아이들은 강냉이와 뻥튀기를 무척 좋아했다. 이날도 하나님께서 주시는 방법으로 간식을 채워주셔서 참 감사했다.

다음 날도 간식 행진은 계속되었다. 동료 선생님들께서 찾아오셔서 도와주셨다. 함께 마음을 모아주시는 선생님들께 감사했다. 쉬는 시간 복도에서 청소하시는 아주머니를 만났다. 나는 웃으며 인사를 했다.

"어머니, 수고 많으시지요? 매점이 없어져서 교목실에서 간식을 주는데 복도에 치울 것이 많아진 것 같아요."

"네, 선생님. 좋은 일 하셔요. 매시간 그렇게 하기가 쉽지 않을 텐데요. 그런데 선생님, 학생들이 간혹 강냉이를 복도에 흘리고, 짓궂은 남학생은 뿌리기도 해요. 청소하기가 좀 힘드네요."

"에구, 그렇군요. 제가 주의시켜 흘리지 않도록 하겠습니다. 죄송해요, 어머니."

그날 저녁 하나님께서는 또 다른 분을 통해 초코파이와 오예스를 수백 개 보내주셨다. 그리고 딸기잼이 들어있는 카스텔라도 1,000개를 보내주셨다. 때마다 일용할 양식을 하나님께서 알아서 보내주시니 놀라웠다.

교문 밖을 나가지 않는 아이들

다음 날 방송을 했다.

"여러분, 어제저녁에도 어떤 분이 간식을 보내주셔서, 오늘 아침 이 방송 후에 나눠주려 합니다. 오늘은 완전 색다른 간식입니다. 간식을 복도나 교실에 버리지 않도록 주의해 주시면 감사하겠습니다."

아이들이 또 뛰었다. 감사하게도 선생님들이 오셔서 나누어주었다. 하나님께서 광야에서 때에 따라 만나와 메추라기로 이스라엘 백성을 먹이셨던 것처럼, 떡 다섯 개와 물고기 두 마리로 수만 명을 먹이셨던 것처럼, 영훈고등학교에서도 역사하셨다. 하나님의 방법이 참으로 감사하고 놀라웠다. 무엇보다 아이들의 얼굴을 한 명 한 명 대면토록 하시며 격려할 수 있도록 허락하신 은혜에 감사했다. 매점이 사라져서 불편했지만, 그 속에서 하나님께서는 놀라운 일을 계획하고 행하셨다.

2주의 시간이 흘렀다. 그동안 하나님께서는 간식이 고갈되지 않도록 채워주셨다. 영훈고등학교 아이들은 복 받았다는 생각이

들었다. 군대에 가서 초코파이 한 개 먹은 기억이 평생 가는 것처럼, 학교 매점이 사라져 아이들이 교목실에서 주는 간식을 먹으면서 하나님을 만나게 되리라는 믿음을 부어주시니 감사했다.

점심시간 때마다 아이들이 밖으로 나가지 않도록 지도하시는 선생님께서 오셔서 말씀하셨다.

"선생님, 쉬는 시간마다 얼마나 힘드세요? 선생님 아니면 하실 수 없는 일 같아요."

"무슨 말씀을요? 어서 매점이 들어와야 할 텐데. 한 달 이상 걸릴 것 같다고 하니 걱정입니다. 공백 기간이 길면 아이들이나 학부모님들 불만이 생기지 않을까 싶네요. 그래서 부족하지만 최선을 다하는 거예요. 우리가 할 수 있는 것은 해야죠. 그리고 쉬는 시간마다 아이들을 보니 좋은데요."

그 선생님은 웃으며 말했다.

"네, 선생님. 교목실에서 간식을 나눠 주니 밖으로 나가는 아이들이 거의 없어졌어요. 꼭 나갈 아이들은 외출증을 끊어 오더라고요. 선생님 덕분이에요. 감사해요. 선생님."

기도하는
매점 아저씨

10월 말이면 매점이 새롭게 구성되리라 생각했다. 하지만 전혀 그럴 기미가 보이지 않았다. 학교로 들어오려는 적임자가 없다는 것이다. 기도하며 기다리는 수밖에 없었다. 하지만 여름방학 이후 매점이 없어 교문 밖으로 나가는 아이들, 매점이 없어 불편을 겪는 아이들을 위해 무엇인가 해야겠다고 생각했다. 그래서 교목실에서 간식을 더 많이 준비해 나눠주었다. 하지만 8월 말부터 거의 두 달 계속해서 교목실을 찾아오자 간식이 부족했다. 그래서 최선을 다해 기도하며 더욱 준비하고자 했다.

먼저 예산으로 책정된 기독 활동비에서 아이들 간식을 준비했다. 아무리 많은 간식을 준비해도, 매일 전교생을 감당하기는 무리였다. 간식을 최대한 준비해도 이틀을 넘기지 못했다. 그도 그럴 것이 오전 8시 아이들은 학교에 오기가 무섭게 교목실을 찾았다. 아침밥을 안 먹고 온 아이들이다.

쉬는 시간마다 아이들은 교목실을 찾았다. 교목실에 와 간식을 받아간 아이가 또 오고, 한 바퀴 돌아오기도 했다. 하루 일곱 번 오는 아이도 있다. 하지만 "구하라 주실 것이요."라고 말씀하지 않았던가. 나는 아이들이 찾아올 때마다 웃으며 간식을 주었다.

교목실 문을 열고 가장 먼저 온 아이들과 아침 기도를 한다.

"하나님, 새로운 날을 주셔서 감사합니다. 교목실에서 기도하며 하루를 시작합니다. 오늘도 축복하시고, 인도하시고, 영광 받으소서. 사랑하는 우리 영훈고 제자들이 학교에서 주님을 만나고 주님의 사람으로 성장토록 인도해 주옵소서. 예수님의 이름으로 기도합니다. 아멘."

이렇게 기도를 하고, 아이들은 간식을 받아 간다.

"자~ 오예스 한 개, 마이쮸 두 개."

가끔 이런 아이가 있다.

"선생님, 저는 마이쮸만 세 개요."

그럼 나는 웃으며 말한다.

"좋아, 마이쮸만 세 개!"

또한 간식 앞에 놓여 있는 성구 서표 말씀 갈피도 뽑아간다. 10

분이라는 짧은 시간이지만, 아이들과 대화하는 이 시간이 참 좋다. 행복하다.

간식이 떨어질 만하면, 하나님께서는 여러 사람을 통해 간식을 공급해 주셨다. 북부아버지학교 지부장을 통해 아버지학교 형제님들, 기도하는 동역자들, 그리고 선생님들, 영훈오륜교회의 성도님들이 간식을 보내주었다. 채플 때 간식을 놓고 아이들과 함께 기도한 적이 있다. 당장 다음 날 간식이 없어서 매우 갈급했다. 기도를 마치고, 교목실로 돌아와 카톡을 확인하는데, 우리가 기도할 즈음 어떤 분이 오예스 1,200개를 사서 보냈다고 했다. 할렐루야!

간식을 채우는 것도 일이지만, 사실 나눠주는 일도 만만치 않다. 쉬는 시간 10분 동안 100여 명 이상의 아이들을 서서 맞이해야 했기 때문이다. 단순히 아이들에게 간식만 주는 것이 아니라, 아이들의 얼굴도 살피고 격려해야 했다.

간식이 들어오면 박스와 포장지를 뜯고 분류해야 했다. 하나님께서는 이 모든 것을 가능케 하셨다. 기독 교사들이 수업이 없는 시간이면 오셔서 간식을 분류하는 작업과 나눠주는 일을 해주셨다. 하나님께서 우리를 묶어주셔서 하나님의 뜻을 이루고 계셨다.

하나님의 계획과 은혜

그러던 중, 몸에 피로를 느꼈다. 집에 돌아와 왼쪽 배를 보니 붉은 물집 같은 것이 생겼다. 가려워서 긁었나 했는데, 모기에 물렸거나 가려워서 긁은 것과는 달랐다. '찌리리~' 하는 뱃속 통증도 있었다.

아내가 내 배를 살피더니 놀라며 말했다.

"여보, 대상포진 아냐?"

꼭 20년 전에 나는 대상포진을 앓았었다. 그때는 오른쪽 가슴과 등 쪽으로 꽤 넓게 붉게 피어올라 있었다. 그 시절 나는 밤과 새벽을 잊을 정도로 술에 취해 살았다. 그때 하나님께서는 내 몸의 이상을 사용해 나를 하나님 앞에 무릎 꿇게 하시고, 회심케 역사하셨다.

지금은 어떤 의미에서의 대상포진일까? 단순히 피곤해서, 몸 관리를 잘못해서, 면역력이 떨어져서 걸렸다는 일반적인 것 말고, 하나님의 어떤 뜻이 있지 않을까 궁금했다. 하나님께서는 건강한 우리를 통해서 일하신다. 그러나 병이나 어려운 일을 통해서도 일하신다. 병원에 갔더니 역시 대상포진이었다. 고등학교 선배 의사는 피곤하고 면역력이 떨어지면 누구나 오는 병이라며 일주일 약을 처방해 주었다.

다음 날 아침, 통증이 심해 결근했다. 하루 종일 아이들이 눈에 선했다. 그리고 미안했다.

'오늘 간식은 어떡하지? 아이들이 기다릴 텐데.'

다음 날 아침 일찍 학교에 출근해 아이들을 맞이했다.

"선생님, 어제 교목실 문 앞에서 얼마나 기다렸는데요."

"그래, 미안해. 어제 일이 좀 있었어. 내가 학급 선교부장 통해서 학교 못 온다고 연락했는데."

아이들과 이야기를 나누며 간식을 나누어주었다. 다음 시간도 다음 쉬는 시간도 그랬다. 새로운 간식이 들어와 방송했다.

"여러분, 교목실입니다. 지금 새로운 간식이 들어와서…."

말이 끝나기도 전에 아이들이 달리는 소리가 났다. 나도 교목실로 달려 내려왔다. 그런데 누군가가 이미 아이들에게 간식을 나누어주고 있었다.

네 분의 선생님이었다. 기독교 신자가 아닌 분도 있었다. 교목실에 온 적도 없고, 한 번도 이 일을 돕던 적이 없던 분들이었다. 눈물이 핑 돌았다. 나는 활짝 웃으며 선생님들께 다가갔다.

"우와, 선생님들 감사해요. 내가 주는 것보다 선생님들이 나눠주니까 아이들이 더 좋아하는데요."

선생님들도 활짝 웃으며 아이들에게 간식을 나누어주었다. 쉬는 시간 간식을 나눠주고 교무실로 돌아갈 즈음, 한 선생님이 이렇게 말했다.

"선생님, 애들 위해서 얼마나 수고하시는지 알아요. 이렇게 매시간 수고하시니까 대상포진에 걸린 거지요. 이제 시간 되는대로 달려와서 도울게요. 정말 감사합니다.”

하나님께서는 계획을 갖고 계신다. 우리는 하나님의 계획을 모를 수 있다. 하지만 끊임없이 기도하며 나아가면 하나님께서 하시고자 하는 일이 무엇인지 알게 된다. 그때 하나님의 사람은 자신이 어떤 형편에 있든지 쓰임 받게 된다. 그래서 세상 사람들이 상황을 보는 것과는 다르다. 하나님의 시각으로 보았을 때 모든 일에 우연은 없다.

하나님께서는 대상포진에 걸린 나를 사용하셔서, 선생님들을 보내주시고 합력토록 하셨다. 나의 연약함에 하나님의 계획이 있었던 것이다.

매점 없이 근 두 달 이상을, 아이들이 교목실을 매점처럼 사용하게 하시는 하나님, 한 번도 교목실에 오지 않던 아이들과 선생님들의 발걸음을 이곳으로 향하게 하신 하나님, 그리고 섬기게 하시고 베풀도록 공급하시는 하나님. 하나님의 방법은 어디까지일까?

아이들이 행복하면 나도 기쁘다. 아이들에게 간식을 주고 기도하게 하시며 축복하게 하시는 하나님의 인도하심, 그 사랑에 가슴이 뜨거워진다.

나는 이제 영훈고등학교의 매점 아저씨가 된 듯하다. 기도하는 매점 아저씨말이다.

2부

기도하는
교실,
사랑을
배우다

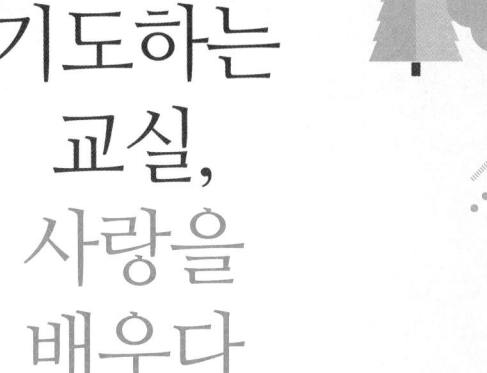

너의 시대에 평안함이 있으며
구원과 지혜와 지식이 풍성할 것이니
여호와를 경외함이 너의 보배니라
이사야 33:6

우리는 달라요

신입생 수업 시간, 아이들의 행동 유형을 파악해보기로 했다. 올해 영훈고등학교 1학년 아이들은 밝고 명랑해보였다. 대부분 영훈고등학교를 원해서 왔기 때문이다. 나는 수업에 들어가 말했다.

"얘들아, 사람마다 스타일이 있어, 너희들이 보기에 내 스타일은 어떤 것 같니?"

아이들은 웃으며 말했다.

"뀨."

"좋아요."

"따뜻해요."

"재밌어요."

아이들의 다양한 의견이 들려왔다.

"그래서 말이야. 너희 스타일이 어떤지 오늘 알아보려고 해. 서로 비슷한 스타일도 있을 거고 다른 스타일의 친구도 있을 거야. 그치? 그럼 서로를 알아가는 데 도움이 될 거야. 그리고 자기 스타일을 알면 살아가는 데도, 직업을 갖는 데도 도움이 될 거야."

사람마다 다른 행동 유형

아이들은 매우 흥미로워했다. 나는 DISC 검사 설문 용지를 아이들에게 나눠주었다. 아이들은 설문지에 체크했다. D는 주도형, I는 사교형, S는 안정형, C는 신중형이다. 설문지를 완성하고 아이들을 이동시켜 같은 그룹끼리 앉게 했다. 그리고 백지를 한 장씩 주고 여행 계획을 짜게 했다. '오예스'를 나눠주고 '야곱의 축복'을 틀어주었다. 아이들은 '오예스'를 외치며 즐겁게 여행 계획을 짰다.

아이들은 유형별로 저마다의 색깔을 드러낸다. 주도형 아이들은 원하는 것을 주장하고, 사교형 아이들은 말이 많다. 좀 황당한 계획을 짜기도 한다. 안정형은 가이드를 붙여 편하게 여행하는 것을 선호한다. 돈을 무한정 쓸 수 있다는 조건에도 그냥 집에 있겠다는 아이도 있다. 신중형은 치밀하게 계산하고, 분석해서 여행 계획을 짠다. 안정형과 신중형의 공통점은 말이 없고, 무거운 분위기인 데 반해 주도형과 사교형은 그 반대다.

남학생 학급에 주도
형이 한 명 있었다. 이
아이는 혼자 여행 계획
을 짰는데, 딱 한 줄을
썼다.

"안 가겠습니다."

여행 계획을 짜라는 선생님의 말을 한 번에 뒤집어버리는 임팩
트 있는 한 줄짜리 문장.

나는 아이들에게 조에서 나눈 여행 계획을 발표하도록 했다. 다
양한 의견이 나왔다. 아이들은 자기와 친구들의 내용을 보고 들
으며 재미있어하고 다른 친구들의 계획에 놀라워했다.

"선생님, 신기해요. 어떻게 이렇게 딱 맞아요?"

그런 와중에도 사교형의 아이들은 계속 시끄럽게 떠들었다. 하
긴 어떤 공동체든지 사교형인 사람으로 분위기가 밝아진다. 사교
형이 없다면 어떤 공동체든 심심할 것 같다.

나는 아이들에게 말했다.

"얘들아, 생각해 봐. 너희 엄마가 주도 사교형인데, 자녀가 안
정 신중형이면 엄마가 자녀를 볼 때 어떤 생각을 할까?"

"답답해 할 것 같아요. 찐따요."

깔깔대고 웃는 아이들에게 나는 또 물었다.

"그럼 주도, 사교형의 엄마를 보는 자녀는 어떤 생각을 할까?"

"왜 이렇게 나대? 가만히 좀 있지."

아이들은 자기들의 엄마가 떠오르는지 왁자지껄 웃으며 손뼉을 쳤다.

다음은 아이들이 DISC 검사를 한 후의 소감이다.

- 성격에 따른 특징을 제대로 알 수 있어서 재미있고 유익한 시간이었습니다.
- 나는 무슨 형일까? DSC가 섞여 있군요. 주도적이며 안정적이며 신중한가 봐요. 그에 비해 I형이 부족한 걸 보니 사교형이 없는 것 같습니다.
- 내 성향이 어떤지 알게 되어 정말 좋았다.
- 저는 항상 안정형, 신중형으로 나오는데 또 해보니 '나는 또 이렇게 나왔구나.' 생각했습니다. 다른 친구들의 유형을 알게 되어 좋았어요.
- 즐거웠습니다. 오예스도 너무 맛있었고, 움직이면서 활동하는 게 되게 좋았어요.
- 사교형이 나와서 신기했습니다. 생각해보니 제 성격이 그 유형하고 비슷한 것 같아요.
- 오늘 쌤 덕분에 여러 가지 알아가는 것 같아서 너무나 즐거웠습니다.
- 성격 검사가 정말 너무 딱 맞아서 신기했습니다. 잠도 깨고 좋았습니다.
- 신기했어요.
- 제 성격 유형을 다시 알 수 있어서 재미있었어요. 오예스가 제일 좋았어용.

- 이번 주에 유독 피곤해서 수업 듣기 힘들었는데, 디스크 검사하면서 피곤함도 줄고 즐거웠던 수업 시간이었어요. 감사합니당.

- 오늘 수업 겁나 재미있었어요. 이런 거 많이 하면 좋을 거 같아요.

- 쌤 오늘 너무 재미있었어요. 저 사교형예요. ㅋㅋㅋ 오예스 먹어서 더 좋았어요.

- 재밌었고, 너무 공감됐어요.

- 제일 즐거운 수업 시간이었어요. 이런 수업 좋아여.

진진가를 아시나요?

'진진가'는 '진짜 진짜 가짜'의 줄임말이다.

요즘 아이들은 당위적인 설명을 힘들어한다. 아무리 유익한 것도 이론적으로 설명하면 지친다. 아이들에게 무언가를 전달할 때는 상대방의 눈높이에 맞추어야 한다.

좋은 동역자인 《강의하지 말고 참여시켜라》를 쓰신 권순현 선생님의 책을 읽고, 아이들과 '진진가'를 해보았다.

요즘 아이들은 학급, 학교에서 공동체 의식이 거의 없다. 자기만 아는 개인주의가 팽배해 있다. 그래서 학급에서도 자기를 행복하게 하는 가까운 아이들에게만 관심을 둔다. 같은 반인데 서로 이름도 모르고, 알려고도 하지 않는다. 그래서 2학기가 되어

서로를 알아보는 시간을 가졌다.

자기소개를 하라고 하면 아이들은 입을 다문다. 소개를 어떻게 해야 할지 훈련이 되어 있지 않다. 한부모 가정 아이들은 자기를 소개하는 데 꺼린다. 나는 기도하며 지혜를 구했다. 내가 몸담고 있는 학교, 내가 만나는 아이들에게 가장 필요하고, 적절한 수업이 진행되기를 기도했다. 또한 가슴 따뜻하고 정을 나눌 수 있는 시간이 되기를 소망했다. 나의 노하우나 실력이 아니라, 하나님의 지혜로 감동이 가득하기를 기도했다. 하나님께서는 '진진가'를 통한, 퀴즈 형식으로 서로를 아는 방법을 떠오르게 하셨다.

영훈고등학교의 진진가

나는 먼저 우리 학교 진진가를 만들었다. 다음의 다섯 가지 중 네 가지는 사실이고, 한 가지는 '사실 같은 가짜'다.

1. 영훈고를 세우신 분은 서울시 초대 교육감이다.

2. 현재 교장 선생님이 우리 학교에서 나이가 가장 많다.

3. 백운관 앞에 서 있는 시비(詩碑)는 최관하 선생님 시다.

4. 영훈 초창기에는 영훈유치원도 있었다.

5. 영훈고가 남학생만 있었던 시절이 있다.

PPT를 띄우거나 영상을 트는 순간, 아이들은 집중도가 높다.

하나하나 뜨는 글귀를 보며 아이들의 뇌가 회전한다. 아이들은 손을 들고, 위의 다섯 가지 중 가짜라고 생각하는 답을 외친다. 맞춘 아이에게는 사탕이나 초콜릿을 준다.

결과는 대성공. 아이들은 무척 즐거워했고, 모르던 것을 알아갈 때, 기뻐했다. 또한 생각지 못한 친구가 맞출 때는 환호성을 지르기도 했다.

위의 정답은 무엇일까? 2번이다. 그다음은 최관하 진진가를 띄웠다.

1. 나는 워너원의 박지훈과 띠동갑이다.

2. 나는 고등학교 때 전교 1등을 한 적이 있다.

3. 나는 교사 시절, 학생의 고막을 터뜨린 적이 있다.

4. 내가 다닌 대학은 불교대학이다.

5. 내가 군대 갈 때 몸무게는 47kg이었다.

또 난리가 났다. 가장 많이 나온 답은 2번과 4번. 가짜는 2번이다. 나는 고등학교 때 전교 1등을 해 본 적이 없다. 4등은 해봤다. 가정의 충격적인 사건으로 원하던 대학을 가지 못하고, 동국대학교에 진학했기 때문에 4번은 진짜다. 박지훈은 토끼띠다. 그래서 띠동갑이지만 나와 '띠띠띠' 동갑이다(하여튼 띠동갑). 교사 10년 차 때 학교에서 문제아라고 하는 학생을 격려한다고 손을 들었다가

귀를 잘못 건드려 고막이 터진 사건이 있다. 그 일로 인해 나는 기도하는 교사가 되었다.

진진가를 작성하며

아이들은 최고조가 되었다. 자기들 것을 해보고 싶은 욕구가 솟구쳤다.

"얘들아. 이제 뭘 하려는지 알겠지? 이제부터 너희들의 진진가를 만들 거야. 나눠준 백지에 네 개는 진짜 사실을 쓰고, 한 가지는 진짜 같은 가짜 알지? 그리고 앞뒤 친구들과 서로 맞추기 하고. 나중에는 다 같이 전체 맞추기를 해보자. 시작."

엎드려 있는 아이가 한 명도 없었다. 딴짓하는 아이도 없었다. 생각하고, 고민하고, 어떻게 하면 진짜 같은 가짜를 만들까 고민하는 아이들의 모습이 귀여웠다.

나는 '야곱의 축복'을 틀어주었다. 이어지는 '축복합니다'의 가스펠송을 들으며 아이들은 왁자지껄 한껏 즐거운 분위기 속에 있었다. 아이들이 어느 정도 쓴 것을 확인하고 나서 이렇게 말했다.

"얘들아, 짝하고 다 쓴 사람은 서로 맞추기 해보렴. 앞뒤 친구랑 해도 좋고. 짝하고만 해도 좋아."

약 5분 후 나는 다시 아이들에게 말했다.

"얘들아, 이번에는 너희가 쓴 것을 나에게 다오. 사실은 너희가 한 명씩 나와서 진진가를 발표하면 좋은데 시간이 없어. 오늘은 그냥 내가 너희들 것을 소개할 테니까, 그 친구의 가짜 내용이 무엇인지, 퀴즈로 진행해 보자."

나는 아이들이 쓴 것을 걷었다. 그리고 한 명씩 발표했다.

"자, 다섯 가지를 다 듣고 난 후에 손을 들어. 그리고 가짜를 맞추면 상을 준다. 그런데 두 번째 사람까지도, 답을 맞히지 못하면, 상은 이 글을 쓴 사람에게 줄 거야."

아이들은 빨리하라는 눈빛이었다. 수업 시간은 난리 북새통이었다. 질서 있는 활기가 가득했다. 아이들은 무척 재미있어했고, 예상치 못한 내용이 진짜로, 가짜로 나타났을 때는 "정말?"을 외치며 환호성을 질렀다.

다음은 아이들이 쓴 진진가다. 몇 가지를 소개한다.

1. 난 파충류 여섯 종류와 절지류 두 종류를 키웠다.

2. 나는 뱀을 키운 적이 있다.

3. 나는 전갈한테 쏘인 적이 있다.

4. 나는 타란툴라한테 물린 적이 있다.

5. 나는 키가 182~183cm이다.

   (이 아이의 내용 중 가짜인 정답은 4번이다.)

1. 나는 원래 아주 심한 악성곱슬머리다.

2. 나는 공포영화를 좋아한다.

3. 나는 리듬체조를 4년 배웠으며, 선수 제의를 받았으나 하지 않고, 일반 학생이 되었다.

4. 우리 아빠는 가수이다.

5. 나는 맹장수술을 했다.

(이 아이의 내용 중 가짜인 정답은 2번이다.)

1. 나는 김을 밥 없이 세 통을 먹은 적이 있다.

2. 나는 어릴 적 산낙지를 먹다가 목에 걸렸는데도 빼내고 나서 계속 먹었다.

3. 나는 닭볶음탕을 먹다가 목에 걸렸는데도 빼내고 나서 다시 먹었다.

4. 나는 밥 없이 문어를 초장에 찍어 먹은 적이 있다.

5. 나는 어릴 때 밴드를 삼킨 적이 있다.

(이 아이의 내용 중 가짜인 정답은 5번이다.)

가짜 같은 진짜로 눈물이 나다

12개 학급에 들어가 진진가를 하면서 아이들에 대해 많은 것을 알게 되었다. 아이들의 진진가에 성격, 좋아하는 것, 잘 먹는 것, 가정환경, 고민, 취미, 비전 등이 나타나서 아이들을 구체적으로 알게 된 것이다. 그런데 한 남학생의 진진가를 접하는 순간, 나와 아이들은 '이거 진짜야, 뭐야?' 하는 일이 있었다.

그 아이의 진진가는 이렇다.

1. 나는 엄마가 너무 미워 엄마에게 충격을 주기 위하여 자살을 시도한 적이 있다.

2. 나는 여태까지 남녀공학을 나오면서 혹은 TV에서 봤던 여자 중에 좋아했던 여자가 단 한 명도 없다.

3. 나는 11년 전에 6살 때부터 10살 때까지 5년간, 6, 7살은 가족이 나를 믿어주지 않았고, 친척이 뚱뚱하다며 먹는 거 가지고 놀리며, 8, 9, 10살에는 학교 선생님들이 심장병을 가지고 있다는 이유로 안 좋게 보고, 친구들은 나를 멀리하고, 심장병 장애인이라고 불렀다. 5년간의 일을 생각하면 지금도 눈물이 난다.

4. 나는 김OO 선생님께서 가신다는 것을 알고 울다가 기절하여 잠든 적이 있다.

5. 나는 한 달 동안 교통비를 제외하고, 2,000원밖에 쓴 적이 없다.

이 내용을 읽는 나도, 듣는 아이들도 '이거 진짜야? 뭐가 가짜야?' 의아해했다. 나는 이 글을 쓴 아이가 심장병이 있다는 것을 알았지만, 3번과 같은 아픔을 겪으며 지낸 것은 몰랐다. 그런데 3번이 가짜 같다고 말한 아이들의 생각을 무산시켰다. 가짜는 5번이었다. 아이들은 조용해졌다. 숙연할 정도였다. 내 마음도 같았다. 아이가 얼마나 힘들었을까.

다른 학급에서도 활기찬 수업이 진행되었다. 1학년 여학생 한 학급의 분위기는 최고조에 달했다. 아이들은 움직이면 행복해 한다. 그래서 이론적으로 접근하기보다 아이들이 움직이면서 깨닫고 느끼게 하는 것이 신나는 수업이다.

진진가를 마치고 나는 아이들에게 이렇게 말했다.

"얘들아, 딴 반 한 남학생이 쓴 진진가거든. 그런데 이렇게 자기를 소개한 아이가 있어. 누구라고 말하긴 그렇지만, 어떤 내용이 가짜인지 맞혀볼래?"

나는 심장병 아이가 쓴 진진가를 읽어주었다. 여학생들은 '설마' 하는 얼굴이었다. 한 아이가 손을 들었다.

"선생님, 3번이 가짜 아녜요? 진짜 같은 가짜."

나는 고개를 가로저었다. 그리고 정답을 말했다.

"5번이란다."

아이들이 순간 숙연해졌다. 말이 없었다. 남학생 반에서 경험했던 바로 그 마음으로 하나님께서 우리를 묶어주신다는 생각이 들었다.

"그래, 얘들아. 우리가 사실 옆에 있지만 관심이 없으면 잘 모르잖아. 오늘 이런 시간을 가진 게 얼마나 감사한지 몰라. 우리 서로 잘 알려고 노력하자. 그리고 이 친구를 위해서 우리 같이 기도하면 좋겠어. 힘들고 어렵게 지내고, 과거 상처 때문에 힘들어하는 아이들이 사랑하는 친구들이잖아. 특히 너희 동기 아니니? 이 아이가 얼마나 힘들며 지내왔을까? 이제 우리 알았으니까 이 아이를 위해 기도하고, 힘내라고 해주자, 응?"

눈물이 마구 흘러내렸다. 목소리도 떨렸다. 자맥질 같은 울음이 터져 나왔다. 나를 주시하고 있던 아이들의 눈에서도 눈물이 흘렀다. 훌쩍이는 아이도 있었다. 아이들은 공감하고 있었던 것이다.

나 역시 아이들과 같은 마음이었다. 수업 시간 자신을 소개하는 프로그램을 통해서 나와 아이들에게 깊은 감동을 주시고 서로를 생각하고 기도하라는 마음을 주어주신 주님께 감사를 드렸다.

고래도 춤추게 하는
칭찬 릴레이

　내 전공인 국어가 아닌 교양 과목 수업으로 아이들을 만나면, 아이들은 눈을 동그랗게 뜨고 나를 바라보며 이렇게 묻는다.

　"선생님, 오늘 수업은 뭐예요?"

　매번 다른 것을 준비해 수업하는 나를 보고, 언젠가부터 아이들은 이 질문을 했다. 나는 수업 내용을 예고하지 않고 진행할 때가 많다. 아이들이 그냥 내가 하는 수업을 따라오다 보면 놀라기도 하고, 탄성을 자아내면서 흥미로워 하기 때문이다. 이런 수업은 묘미가 있다. 나는 작은 쪽지를 한 장씩 아이들에게 배부했다.

　"얘들아, 잘 보이게 이름을 이 종이에 써봐."

　아이들은 무엇인가 재미있는 활동이라는 것을 느꼈는지, 이름을 쓰며 깔깔댔다.

"샘, 마니또인가요?"

나는 고개를 살며시 저었다. 그리고 아무 말도 하지 않았다. 내가 생각하는 수업의 제목은 그것과 비슷했지만, 또 다른 것이기 때문이다.

"자, 얘들아. 너희들 이름 쓴 것 이 통에 다시 모으자."

아이들은 쓴 종이를 모아 교탁 위에 쏟아 놓았다. 그리고 섞었다.

"이제 너희들이 한 장씩 다시 뽑는 거야. 자기 이름이 나오면 얼른 손을 든다. 다시 뽑아야 하니까. 그리고 내가 말하라고 할 때까지 그 사람이 누구인지 알려주면 안 돼."

아이들은 '역시 마니또야.' 하는 듯한 얼굴로 한 장씩 뽑았다. 다 뽑은 후에 나는 이름을 쓴 종이보다 두 배로 큰 종이를 나누어 주었다. 그리고 칠판에 이렇게 썼다.

'고래도 춤추게 하는 칭찬 ○○○'

아이들은 내가 쓰는 대로 따라 읽었다. 그리고 금세 눈치를 챘다.

"아! 선생님. 이거 뽑은 아이에게 칭찬 써주라는 거예요?"

나는 웃으며 말했다.

"그렇단다. 자~ 지금부터 너희가 뽑은 그 친구에게 칭찬 다섯 가지 이상 써 주는 거야. 시작."

나는 '야곱의 축복'을 틀어주었다. 아이들은 잠시 생각하더니 음악을 들으며 쓰기 시작했다.

야~ 너! 나와

아이들은 즐겁게 쓰면서 깔깔대기도 했다. 항상 느끼는 것이지만 아이들은 자기들이 무엇인가 활동할 때 무척 즐거워한다. 그리고 좋은 수업이라고 생각한다. 아이들뿐만 아니라 선생님들도 이런 수업은 즐겁고 기쁘다. 하지만 준비하는 선생님 입장에서는 아이디어를 짜내고 준비할 것이 많다.

"선생님, 다 썼어요."

그래도 나는 3분가량 시간을 더 주었다. 노래는 어느덧 '축복합니다'로 바뀌었다. 나는 아이들에게 말했다.

"자, 얘들아. 수고했어. 이제 너희가 쓴 것을 가지고 한 사람씩 나온다. 그리고 그 해당되는 사람한테 읽어 주는 거야. 그리고 그 사람에게 너희가 쓴 것을 선물로 주고, 다음 사람이 또 읽어주고. 오늘 수업의 정확한 제목은 뭐냐? '고래도 춤추게 하는 칭찬 릴레이'야. 여기 ○○○속에 들어갈 말이 '릴레이'야."

나는 이어서 말했다.

"2학기 회장 나오자. 얼른 나와서 외치는 거야. 네가 써준 그 아이, 이름 부르면서 '너, 나와!' 알지?"

아이들은 깔깔댔다. 텔레비전 프로그램 "너, 나와!"를 응용했다는 생각에서다. 무엇인가 재미있는 일이 벌어질 것 같은 예감. 그리고 한 명씩 칭찬해 주고 칭찬 받고 하는 것이 즐거운 일이 틀림없다는 것. 아이들은 감지하고 있었다.

나는 아이들을 나오게 한 다음 마주 보게 했다. 이때 아이들은 쑥스러워하고, 오글거린다고 한다. 어색한 것이다. 칭찬에 익숙하지 않기 때문이다. 그럴수록 이런 프로그램이 필요하다. 남학생들은 농담 같은 내용도 쓴다. 그래도 5가지 중 몇 개라도 칭찬을 들으면 아이들은 얼굴이 밝아진다. 여학생들은 읽어준 친구에게 눈물을 글썽이며 고맙다고 하기도 하고 안아주기도 한다.

다음은 한 친구를 칭찬한 내용이다. 다소 장난스럽고 우스꽝스런 것도 있지만 아이들이 쓴 내용은 다 즐거움이 있다.

1. 친구들에게 재밌는 얘기를 한다.
2. 항상 웃는 얼굴로 상대방을 웃게 해준다.
3. 친구가 우울해할 때, 자신이 더 우울해한다.
4. 웃긴 것을 다시 한번 재현해서 웃게 한다.
5. 항상 분위기를 밝게 한다.

1. 운동을 잘한다.
2. 잘 생겼다
3. 악기를 잘 다룬다.
4. 친절하다.
5. 여사친이 많아서 부럽다.

우리 입술은 축복의 입술, 격려의 입술, 기도의 입술이 되어야
하지 않겠는가. 아이들은 칭찬 릴레이를 무척 기뻐하며 즐거워
했다. 한 학급에서 30~40명의 축복의 언어가 쏟아져 나와 아이
들을 행복감으로 휘감았다.

1. 너는 몸이 정말 예뻐.

2. 옷이 잘 어울려.

3. 너의 도톰한 입술이 좋아.

4. 춤도 잘 춰.

1. 넌 정말 키가 크고 잘 생겼어.

2. 넌 정말 수학 문제도 잘 푸는 거 같아.

3. 넌 혀놀림이 정말 끝내줘.

4. 너의 눈빛은 카리스마 있으면서도 야시시 해.

5. 너의 신음 소리는 모든 이의 귀를 행복하게 해.

6. 마지막으로 넌 정말 재미있고 착해.

청소년들은 비속어를 많이 쓴다. SNS에서 친구들과 나누는 대화를 보면 좋은 말, 격려의 말, 칭찬의 말이 드물다. 할 줄도 모르고 하려고 하지도 않는다. 그래서 칭찬을 무척 쑥스러워한다. 그렇기에 칭찬하는 시간이 더욱 필요하다고 판단했다. 자꾸 해봐야 아이들이 칭찬에 자연스러워질 테니까. 우리 입술은 축복의 입술, 격려의 입술, 기도의 입술이 되어야 하지 않겠는가. 아이들은 칭찬 릴레이를 무척 기뻐하며 즐거워했다. 한 학급에서 30~40명의 축복의 언어가 쏟아져 나와 아이들을 행복감으로 휘감았다.

다음은 아이들의 수업 후 소감이다.

"항상 반 친구들과 함께할 수 있는 시간이 만들어져서 참 좋았습니다."

"그동안 칭찬을 들은 적이 거의 없었는데 오랜만에 이걸 하니까 좋았습니다."

"의미가 깊은 수업이었습니다. 감사합니다."

"선생님, 오늘 수업 정말 재미있었습니다. 그리고 뭔가 약간 기대를 하기도 하였습니다. 감사합니다."

아이들과 수업을 하며 산다는 것에 항상 감사하다. 아이들과 호흡하며 같이 느끼고 움직이고 공감할 수 있다는 것이 그 무엇보다 감사하고 행복하다. 수업의 지혜를 주신 하나님께 감사의 기도를 드린다.

'스승의 날' 100개의 꽃바구니

해마다 스승의 날이 오면 영훈고등학교 기독동아리 '가스펠반' 학생들이 준비하는 행사가 있다. 자기들의 힘으로 선생님들께 감사하고 축복하는 선물을 드리는 것이다. 진심으로 마음을 담은 아이들의 선물에 선생님들은 감동한다. 학교 앞 〈낙원꽃집〉 권사님께 '칼란코에' 꽃 화분 100개와 바구니 100개를 준비해달라고 부탁했다. 그리고 아이들은 축하 글씨를 써서 코팅했다.

"축하 글씨는 이번에는 너희들이 써 보렴."

웃으며 말하는 나를 보며, 아이들은 졸업한 선배들과 똑같은 말을 했다.

"선생님 글씨가 젤루 예뻐요. 저희는 써도 그렇게 안 돼요."

대박 사랑해요

결국 이번 글씨도 내가 쓰게 되었다. 다만 글 내용은 아이들의 생각을 담았다. 그래서 나온 문장이다.

"선생님, 스승의 날! 완전 감사해요."
"선생님, 스승의 날! 쩔게 감사해요."
"선생님, 스승의 날! 대박 감사해요."
"선생님, 스승의 날! 넘나 감사해요."

아이들의 목소리를 담은 내용, 하트 모양으로 오린 색지에, 글을 쓰는 나도 감사하고 기뻤다. 아이들은 이 행사를 준비하며 매우 즐거워했다. 자기가 어떤 선생님께 드리겠다고 야단을 떨기도 했다. 아이들이 움직이면 그 자체가 감동이다. 아이들이 움직이면 생동감이 있다. 아이들이 움직이면 힘이 생기고 사랑이 생긴다.

사랑의 수고는 선생님들이 먼저 보여주고, 아이들을 가르쳐야 한다. 아가 때부터 움켜쥐는 법을 가르치는 '잼잼잼'이 아니라, 손을 펼치는 '줌줌줌'을 가르쳐야 한다. 가르치기 위해서는 먼저 교사들이 행해야 한다. 누군가를 섬기는 사랑법, 그것은 주님의 사랑법이다. 그 사랑법을 모두가 배워서 행해야 한다.

아이들은 사흘 동안 꽃바구니를 준비했다. 감동과 기쁨으로 반

응하실 선생님들을 위해 방과후에 시간을 내어 준비했다. 영훈센터에 모여, 꽃 100개를 바구니에 담는 작업을 했다. 바구니에 꽃을 담다가 가시에 찔린 수지, 생각보다 수다스러운 아현이, 듬직하게 일 잘하는 수영이, 귀여움 덩어리 예은이. 운반 담당은 남자들로 수민이, 요셉이, 성민이와 3학년이면서도 함께한 기상이가 했다. 참으로 귀한 제자들이며, 하나님 나라의 동역자들이다.

바구니에 담은 꽃 화분을 다시 큰 박스에 담으니 8박스가 되었다. 아이들이 한 박스씩 들고 교무실로 향했다. 운동장을 가로질러 1교무실에서부터 돌렸다. 그리고 이어서 6개의 교무실, 행정실, 수위실, 보건실, 법인실, 인쇄실, 매점, 학교에서 일하시는 아저씨들에게까지 돌렸다. 아이들은 힘들었지만 즐거워했다. 나는 아이들과 사진 수십 장을 찍고, 사진을 돌려보며 즐거워했다.

'사랑에는 수고가 따른다.' '사랑에는 희생이 따른다.'

수고가 없거나, 희생이 없으면 사랑이라고 말하기가 어렵다. 사랑을 표현할 때는 육체적 수고도 따르고 시간과 물질이 사용된다. 그 섬김의 바탕은 단연 예수님께서 나를 구원하신 은혜에 기인한다. 그래서 내게 있는 모든 것이 내 것이 아니라, 예수님께서 주신 것이다. 이렇게 생각하면 아깝다는 생각이 들지 않는다. 아이들이 이것을 알고, 삶으로 행해야 한다.

지행일치(知行一致) : 아는 대로 행하라
언행일치(言行一致) : 말한 대로 행하라
신행일치(信行一致) : 믿음 대로 행하라

예수님께서는 하나님의 뜻에 따라 100% 생각과 행동이 일치되도록 사신 분이다. 우리에게도 예수 그리스도의 영이 있는 만큼 그분을 멘토로 살아가야 한다. 나의 제자들이, 시시각각 변해가는 세상의 이론이나 가설에 마음을 두지 않고 '오직 진리'이신 예수님의 섬김의 의미와 방법을 알아, 실천하며 살기를 기도한다.

우리나라는 소망이 있다. 소망이신 예수님께서 살아계시기 때문이다. 또한 그 예수님의 마음을 품고 살아가려는 다음 세대 아이들이 있다. 하나님께서 그 아이들을 사용하실 것이다.

행사를 다 마치고 식당 '오동도'로 향했다. 기독 동아리 아이들은 학교 앞에 있는 이 식당을 자주 찾아간다. 단골 메뉴는 김치찌개다. 밥과 김치찌개를 먹고, 남은 국물에 라면 두세 개씩 넣어 끓여 먹는 아이들, 볼수록 사랑스럽고 예쁘다. 사랑하는 제자들, 이 아이들에게 무엇이든지 다 내주고 싶다. 모든 것을 투자하고

싶다. 이 시대 하나님의 형상을 가진 아이들로 잘 성장하기를 소
망한다.

J 선생님과 현이

현충일 전날, J 선생님이 나를 찾아왔다. 평소 밝은 모습과는 다르게 얼굴에 근심이 가득했다. 눈에서 눈물이 금방 쏟아질 것 같았다. '무엇이 이 선생님을 이렇게 힘들게 하는 거지?' 하면서도 미소를 띠며 물었다.

"선생님, 어서 오세요. 잘 지내셨어요?"

J 선생님은 힘이 없어 보였다. 나는 의자에 앉는 선생님의 모습을 보며, 마음속으로 기도했다.

'하나님, J 선생님이 어떤 일로 오셨는지 모르지만, 성령님께서 이분의 마음을 열어주시고, 평안으로 인도해 주옵소서.'

부모님이 문제예요

J 선생님은 조심스럽게 입을 열었다.

"선생님, 우리 반에 현이라고 있어요. 너무 힘든 아이라, 다른 방법이 없어서요. 그래도 선생님을 찾아오면 길이 있을까 해서 왔어요."

"네, 선생님. 어떤 일인지는 모르지만 잘 찾아오셨어요. 편안하게 하고 싶은 말씀하셔요. 저, 들을 준비되어 있습니다."

J 선생님은 마음에 평안이 온 듯했다. 그리고 현이에 대해 이야기했다.

"현이는 참 착하고, 모범적으로 학교생활을 하고 있어요. 공부는 중간 이상 정도고요. 그런데 가정환경 때문에 너무 힘들어 해요. 상담을 하면, 이건 아이의 문제가 아니고, 부모님의 문제입니다. 아이가 감당하기에는 너무 버거워요."

나는 고개를 끄덕이며 J 선생님의 눈을 응시했다.

J 선생님은 말씀을 이어가면서 울먹였다.

"현이 아빠가 심근경색이 있어요. 게다가 간경화증에, 우울증이 심하셔요. 오랫동안 병중에 계셨대요. 더 심각한 문제는 현이 엄마와 현이에게 지속적으로 폭력을 행사하셨다는 거예요. 요즘은 기력이 떨어져서 좀 줄어들긴 했지만요, 이것 때문에 현이는 집을 나오고 싶어 해요. 현이 엄마도 돈벌이가 없고요. 현이 엄마는 남편 옆에 있어야 하나 봐요. 환자니까요. 아빠는 돈을 벌 수 없는 상태고요."

이야기를 들어보니, 결국 현이의 부모가 부모 역할을 하기 어렵다는 것, 병중에 계신 것은 어쩔 수 없지만, 지속적으로 폭력을 행사하는 아빠와 남편을 통해 현이와 현이의 어머니가 얼마나 깊은 상처가 있는지 느껴졌다.

안타까운 상황이었다. 하지만 이렇게 살아가는 제자를 외면하지 않고, 어떻게든 도우려는 마음을 갖고 있는 선생님이 무척 고마웠다. 또 나를 찾아와 마음을 나눌 수 있도록 인도하신 하나님께 감사했다.

나는 물었다.

"선생님, 그럼 생계는 어떻게 이어가고 있는 건가요?"

"일단 기초 생활 수급자로 되어 있어요. 어렵지만 현이 등록금과 교재 값이 해결되나 봐요. 그런데 얼마 전에 현이 안경이 깨졌어요. 안경을 고칠 돈이 없어서 주말 알바해서 겨우 안경을 고쳤대요. 사실, 현이가 그렇게 감당해 가며 사는 것도 의미가 있겠지만, 제가 봤을 때는 너무 안타까워요. 현이는 그냥 평범하게 학교 생활을 하고 싶어 해요. 독서실도 가고, 군것질도 하고. 그런데 그런 일상적인 것도 못하고 살아요. 그냥 평범한 것을 원하는데 그게 안 되니까 주눅 드는 거예요. 그게 저는 너무 안타까워요. 더욱이 현이는 집에 가면 편하지 않으니까요. 선생님, 먼저 기도해주세요. 혹시 현이를 도울 수 있는 길이 있으면 도와주십사 해서 찾아왔어요."

나는 고개를 끄덕였다. 그리고 이렇게 말했다.

"선생님, 찾아와주셔서 감사해요. 당연히 길이 있을 거예요. 무엇보다 선생님께서 제자를 사랑하는 마음으로 저에게 와서 말씀해주신 것을 하나님께서 다 들으셨을 테니까요. 저도 기도하며 현이를 도울 수 있는 방법을 찾아볼게요."

"네, 선생님. 감사합니다."

나는 활짝 웃으며 말했다.

"자, 여기 휴지로 눈물 닦으셔요. 참, 선생님은 신앙생활을 하시던가요?"

"네, 해 왔는데, 얼마 전부터는 다니지 않고 있어요. 어떻게 하다 보니 그렇게 되었어요. 현이와 우리 반 아이들을 보니, 기도를 하지 않을 수가 없네요. 다시 다닐까 해요. 선생님, 우리 반 아이들 유별난 거 아시죠?"

"하하, 잘 알죠. 지난주에도 아이들 다툼이 있었잖아요. 안 그래도 그것 때문에 선생님 뵙고 기도해드리고 싶었어요. 그런데 하나님께서 현이를 통해 선생님을 결국 만나게 하셨네요. 제가 현이와 그 가정을 위해 기도해도 될까요?"

"네, 선생님."

위로하시는 하나님

"살아계신 하나님, 오늘 J 선생님의 발걸음을 인도하셔서 사랑하는 제자 현이의 이야기를 듣고 기도하게 하시니 감사합니다. 먼저 제자를 사랑하는 귀한 마음을 우리 J 선생님에게 부어주신 하나님, 선생님의 마음 가운데 주님의 평강과 은혜를 부어주시길 원합니다. 위로와 평강, 활력을 더하셔서 우리 아이들을 만날 때 사랑과 기쁨, 힘과 용기를 불어넣어 주는 선생님 되도록 인도해 주시옵소서. 특히 현이와 현이의 부모님, 이 가정을 붙잡아주시옵소서. 현이 아빠의 나쁜 병이 사라지고, 건강이 회복되게 하시며, 특히 폭력이 사라지게 하옵소서. 현이 엄마에게 힘주시고, 남편을 위해 기도하는 아내로 세워주시옵소서. 현이의 모든 삶을 주님께서 주관하시고, 지혜와 명철, 필요한 물질을 다 채워주옵소서. 무엇보다 부모에게 받은 상처가 회복되고, 이 시대 하나님의 일꾼으로 성장할 수 있도록 주님께서 붙잡아 축복하여 주시옵소서."

하나님께서는 나와 J 선생님의 눈에 눈물을 가득 부어주셨다.

기도를 마친 후, 성경 말씀 갈피가 담긴 컵을 J 선생님 앞에 내놓았다.

"선생님, 한 번 뽑아보셔요. 하나님께서 선생님에게 말씀을 주실 거예요."

J 선생님은 성구 서표 한 장을 뽑아 읽었다.

"두려워 말라 내가 너와 함께 함이니라, 놀라지 말라 나는 네 하나님이 됨이니라 내가 너를 굳세게 하리라 참으로 너를 도와 주리라 참으로 나의 의로운 오른손으로 너를 붙들리라"

(이사야 41:10)

이 말씀을 읽으며 J 선생님은 다시 눈물을 쏟았다.

인내와 소망의 선생님

몇 달 후, 점심시간이었다. J 선생님과 함께 식사하면서 자연스럽게 현이 이야기를 나누게 되었다. J 선생님은 이렇게 말했다.

"선생님, 현이가 잘 생활했으면 좋겠는데, 학교도 그렇고 집에서도 계속 관계가 안 좋은가 봐요. 아버지가 폭력적이라 더욱 그런 것 같아요. 요즘 아무리 얘기를 해도 좋아지지 않네요. 부모님과 통화를 해도 속수무책이에요."

사실 J 선생님은 겉으로 포기하는 듯 보였으나 최선을 다하고 있었다. 현이와 상담도 하고, 아이가 늦거나 사라지면 연락하고 수소문을 했다. 힘들지만 제자는 포기할 수 없는 사랑의 대상임을 아는 훌륭한 선생님이었다.

"네, 힘드시죠? 선생님. 하지만 선생님께서 수고하신 그 땀과 눈물이 결국 좋은 열매를 맺을 거예요. 그 시기가 우리가 원하는 때면 좋겠지만 그렇지 않을 때가 더 많지요. 선생님, 힘내세요. 현이가 회복할 때가 있을 겁니다. 하나님께서 인도해 주실 거예요."

"네, 선생님. 영훈고의 선생님들이 참 좋아요. 다른 선생님들도 비슷한 말씀을 하셨거든요. 학교 다닐 때 말썽꾸러기들이 나중에 놀랍게 변화하는 것을 많이 본다고요. 감사합니다, 선생님."

나는 J 선생님과 현이를 위해 매일 기도했다. 마침 장학금을 조성하고 있었다. 가정 형편이 어려운 아이들도 지원할 수 있는 선발 기준이라, 현이 가정을 위해 기도하며 장학생 대상이 되는지 상세히 살폈다. 하나님께서는 현이를 만나라는 마음을 주셨다. 현이는 내가 1학년 때 가르쳤던 아이라 자연스럽게 연락할 수 있었다.

"현아, 어서 와."

점심시간 나를 찾아온 현이는 긴장한 모습이었다. 나에게 말한 첫 마디는 이랬다.

"왜요?"

"글쎄. 내가 왜 너를 불렀을 것 같니? 좋은 일일까? 아님 나쁜 일일까?"

내 말이 끝나자마자 현이는 말했다.

"나쁜 일요."

"하하하, 왜 그렇게 생각하니? 현이 작년에 매주 보다가 올해에는 수업이 없어서 참 오랜만에 봤는데, 현이 생활이 어떤지 궁금하기도 하고 해서. 기도하던 중에 하나님께서 너를 만나라고 하셔서 말이야."

하나님의 자녀 현이

그 말에 현이의 눈동자가 흔들렸다. 현이는 아직도 긴장한 것 같았지만 야단맞으러 온 것이 아니라는 생각에 다소 여유를 찾았다. 나는 현이의 이야기를 들을 수 있었다. J 선생님께서 말씀하신 내용이었다. 하지만 현이는 아버지의 폭력에 대해서는 이야기를 하지 않으려 했다. 나는 할까 말까 망설이는 현이에게 말했다.

"현아, 괜찮아. 하고 싶지 않은 이야기는 억지로 하지 않아도 돼. 그냥 네가 편한 얘기, 하고 싶은 얘기만 해."

현이는 나의 이 말에 많은 이야기를 풀어냈다. 그 말을 들으면서 나는 현이에게 물었다.

"현이는 교회 다닌 적 있니? 하나님 믿니?"

"네, 중학교 3학년 때까지 다녔는데, 이사 오면서 교회를 안 다녀요."

"그랬구나. 부모님은?"

"부모님도 다녔어요. 같이요. 서대문구 쪽에 있는 H 교회예요."

나는 눈을 크게 떴다.

"H 교회?"

"네, 선생님."

"H 교회는 내가 잘 아는 교회야. 그 언덕 위에 있는 큰 교회잖아. 현이가 그 교회에 다녔었구나. 부모님도."

한참 교회 이야기를 나누며 대화가 이어지면서 현이 마음에 하나님의 평강이 임하신다는 것을 느낄 수 있었다.

나는 현이 눈을 보며 이렇게 말했다.

"현아, 우리 같이 기도하자. 네 삶도, 네 아버지도, 또 가족들도. 그리고 현재의 어려움도 다 하나님의 뜻이 있을 거야. 지금 네가 짜증 나고 힘든 시기일 수도 있겠지만. 너, 중 3 때까지 교회도 다녔고, 하나님도 믿는다고 했잖니? 이제 교회도 다시 정하고 제대로 예배드리면 어떻겠니? 하나님께서 이 과정을 통해 너를 다시 만나 주실 계획이 있다는 생각이 들어."

현이는 눈을 말똥말똥하며 나를 바라보았다. 현이는 외모가 준수했다. 멀끔한 아이였다. 그런 현이의 눈빛이 반짝였다. 이 아이에게 심경의 변화가 일어나고 있다는 것을 알았다.

"현아, 학교에서 장학생을 뽑는데 하나님께서 너를 생각나게 하셨어. 그래서 너를 부른 거야. 상세히 네 이야기를 들어보고 싶었어. 담임선생님을 통해서도 조금 들었지만 말이야. 이제부터 선생님도 널 위해 더욱 기도할게. 너도 기도하고 노력하면 하나님께서 좋은 선물을 주실 거야. 어때? 오늘부터 기도할래?"

현이는 고개를 끄덕였다.

"그래, 현아. 그동안 교회에 나가지 않고, 학교나 가정에서도 힘겨운 생활이었지만 하나님께서 널 잊지 않으시고 사랑하신단 것을 느꼈으면 좋겠다. 그래서 넌 행복한 아이인 거야. 너희 담임 선생님도 최선을 다하시고, 나도 널 잊지 않고 이렇게 만나고 있잖니? 그렇지?"

현이는 웃으며 또 한 번 고개를 끄덕였다. 나는 현이를 붙잡고 기도하고 교실로 보냈다.

그 후 나는 J 선생님에게 내가 쓴 《울보선생의 특별한 학급 이야기》한 권을 선물로 드렸다. 기도하고 있으니 더욱 힘내라는 엽서도 J 선생님 책상 위에 올려놓았다. 한 주 남짓 지났을 때, 식당에서 J 선생님을 만났다. J 선생님의 표정이 예전보다 밝아져 있었다. 나는 J 선생님에게 물었다.

"선생님, 요즘 현이는 좀 어때요?"

J 선생님은 내 질문을 기다리기라도 했다는 듯이 말했다.

"네, 선생님, 지난주에 선생님과 상담한 후에 현이가 바뀐 것 같아요. 지각도 안 하고, 공부도 좀 하는 것 같고요, 이제 평범한 고등학생이 되었어요. 선생님, 정말 감사합니다. 현이가 이렇게 바뀌어 저도 정말 기뻐요."

"우와~ 그래요? 아멘. 선생님의 수고 덕분이에요."

내 입에서 감사의 고백이 터져 나왔다. 이어서 나는 말했다.

"장학금도 받으면 좋겠어요. 현이가 이번 기회에 교회도 다시 나가고, 하나님의 일꾼으로 성장할 수 있도록요. 아마 하나님께서 그런 마음으로 이번에 현이를 회복시키실 것 같아요. 선생님도 힘내셔요. 잘 될 겁니다. 제가 더 기도할게요. 파이팅!"

나는 두 손을 위아래로 하며 "파이팅"을 외쳤다. J 선생님도 쑥스러워 하며 같은 동작으로 "파이팅"을 외쳤다.

매일 기도실 가는 학생

"선생님, 점심시간에 기도하러 가도 되나요?"

잘 생긴 민이가 물었다.

"그럼, 기도 원하는 아이들 매일 점심시간에 모여 기도하잖아. 당연히 오면 좋지."

그날 점심시간 민이는 나타났다. 몇 명의 아이들과 함께 찬양하고 기도한 후에 민이가 슬며시 다가왔다.

"선생님, 같이 기도하는 것도 좋지만, 저 혼자 조용히 기도할 수 있을까요?"

"응, 있어. 샘 방 옆에 혼자서 기도하는 기도실 있잖아. 거기서 하면 돼. 거긴 방음도 되어 있으니까 혼자 기도하기 딱 좋지. 그

런데 무슨 기도를 혼자 해야 하는지, 그 기도 제목 나에게 알려줄
수 있니? 나도 기도할게."

민이는 고개를 가로저으며 말했다.

"지금은 아녜요. 일단 혼자서 조용히 기도하고 싶어요."

다음 날부터 민이는 점심시간이면 기도실로 들어갔다. 두 명이
들어가면 될 공간, 그 곳은 조용히 기도할 수 있는 개인 기도실이
다. 민이가 무슨 기도를 하는지 모르지만, 하나님께서 민이를 붙
잡아주시고, 그 기도에 응답주시기를 기도했다.

친구 따라 강남 간다. 아니, 기도실 간다!

사나흘이 지났을까. 남학생 서너 명이 민이를 따라 오기 시작했다.

"너희들 여기 왜 온 거니?"

"민이가 기도하러 간다고 해서요. 저희들도 기도하려고요."

아이들은 줄을 서서 한 명씩 차례로 들어가 기도하고 나왔다.
나는 이 아이들을 하나님께서 보내주시고, 인도하신다는 생각이
강하게 들었다. 아이들과 자리를 같이했다.

"교회 나가는 사람?"

함께 온 훈이만 교회에 다니고 있었다. 민이도 마찬가지였다.
또래 집단의 특징이다. 아이들은 친구가 좋으면 함께한다. 친구
가 가자고 하면 간다. 민이와 친구들 모두 교회에 나가지 않아도,
점심시간을 빼어 하나님께 기도하러 오는 것이 감사하고 귀했다.

이 아이들이 귀엽고 사랑스러웠다. 함께 오는 아이들은 점점 늘어났다. 나는 아이들이 올 때마다 간식을 주었다. 과자나 사탕 등인데, 주된 간식은 오예스이다. 아이들이 오예스를 무척 좋아하고, '오~ 예수'와 발음이 비슷하기 때문이다. 아이들은 나를 찾아오는 것을 매우 즐거워했고 나 역시 무척 기뻤다.

나의 거의 한밤중에 퇴근한다. 낮에는 주로 아이들과 선생님들을 만나고 수업해야 하니까, 여러 업무와 준비해야 할 일은 주로 밤에 한다. 야간 자율학습을 하는 민이와 몇 명의 아이들이 찾아왔다. 나는 간식을 아이들에게 건넸다.

"선생님, 그런데요. 교회 나가려면 어떻게 해야 해요?"

"선생님은 학교 교회 나가시나요?"

"예수님 믿으면 뭐가 좋아요?"

"기도하면 여친 생기나요?"

아이들은 즐겁고 편하게 질문했다. 내가 많은 말을 하지 않아도 아이들과 교감이 되는 것에 감사했다. 아이들은 자기들과 함께해 주고 자기들의 이야기를 들어주면 그걸로 기뻐하는 것 같다. 입에서 나오는 대로 말하는 것 같은 이 아이들의 입놀림을 보며, 하나님께서 나에게 말씀하시는 음성을 들었다. 이 아이들은 하나님께서 나에게 붙여준 하나님께로 인도해야 할 영혼이라는 것을.

결국 아이들의 소망과 나의 권면, 안내로 학교 교회를 다니기로 했다. 단, 내가 사역지를 학교 교회로 옮기고 나서 오겠다고 했다.

하나님께서는 결국 2017년 10월 1일자로 학교 교회로 사역지를 옮기셨다. 오륜교회가 학교 안에 교회를 세웠고, 젊은 담임목사를 파견했다. 영훈학교 안의 교회 이름은 '영훈오륜교회'다.

영훈고등학교 소강당에서 2016년 3월 27일 부활주일부터 매주 예배를 드리고 있다. 주일 장년 예배는 오전 9시, 11시다. 오후 2시에는 청년부가 같은 장소에서 예배를 드린다. 유초등부와 중고등부는 학교 교실과 특별실, 그리고 학교 비전센터에서 예배를 드린다.

영훈학교의 기독교학교화뿐만 아니라, 학교 안에 교회가 서게 해달라는 기도에 하나님께서는 한 치의 오차 없이 응답해주셨다. 나는 학교 교회로 오면서, 협동목사로 중고등부 청소년 오전 9시 예배를 섬기기로 했다. 주일에도 학원 다니고 과외를 받는 등 바쁜 일정을 보내는 아이들이 많다. 일찍 예배를 드리고 자기 활동을 하려는 아이들을 위해 중고등부 11시 예배 외에 9시 예배를 더 만들었다.

첫 예배를 드리고

추석 명절 연휴로 긴 시간을 보내고 10월 10일 주일, 영훈고등학교 본관 1층 코이노니아실에서 첫예배를 드렸다. 교실에서 아이들에게 잠깐 광고하고, 식당 출구 쪽에는 배너 현수막을 세워두었다. 현수막에는 이런 내용을 담았다.

"이런 영훈고 학생들을 초청합니다. 가슴이 답답해요, 외로워요, 비전을 찾고 싶어요, 삶의 의미를 알고 싶어요, 구원 받고 싶어요, 베풀며 살고 싶어요 등. 원하는 청소년 누구나. cheer up!"

첫 예배 때 10명이 참석했다. 고등학교 1학년은 9명, 3학년이 1명이다. 한두 명을 제외하고는 교회를 다닌 적이 없었다. 찬양 인도자도 없고, 지도 교사도 없는 상태. 겉으로 봐서는 그냥 나 혼자 시작한 것 같았다. 그러나 기도 가운데 하나님께서는 '혼자가 아니라'는 것을 깨닫게 하셨다. 내 안에 계신 성령 하나님이 분명 역사하실 것이고, 하나님의 때에 그분의 방법으로 동역자를 붙여주시며 합력하도록 해 주실 것을 알게 하셨다.

마침 어려서부터 교회 생활을 열심히 하는 3학년 수지가 건반 반주자로 섬기기로 했다. 교회에는 나가지 않지만 기타를 좋아하는 우재가 찬양 반주를 하겠다고 해서 더더욱 감사했다. 첫 예배에 온 아이들 대부분이 하나님도 모르고 찬양도 몰랐지만 하나님께서 주일 이른 아침에 이들을 예배 자리로 불러주시고, 하나님의 사람으로 세워 가시고 축복해주셨다.

학교에서 만난 아이들은 나에게 사과하느라 바빴다.

"아! 선생님. 제가 알람을 켜 놨는데, 끄고 또 잤어요."

"선생님. 죄송해요. 오후 3시에 일어났어요."

"선생님, 갑자기 가족여행을 가게 돼서요."

"선생님, 같이 가기로 한 친구가 못 간대요. 그래서 저 못 가요."

여러 이유를 들어 예배에 못 와서 죄송하다고 말하는 아이들이 사랑스러웠다. 학교는 아이들이 가장 많은 시간을 보내는 곳이다. 그래서 나는 '가정 같은 학교, 가족 같은 스승과 제자'가 되게 해달라고 기도한다. 교사에게 있어 학교는 단순히 직장이 아니다. 학생에게 있어 공부와 지식만 쌓는 곳도 아니다. 사랑으로 어우러져서 하나님의 사랑을 경험하고 그 사랑으로 세상을 살아나갈 준비를 하는 곳이다. 교회에서는 일주일에 한 번 아이들을 만나지만 학교에 교회가 생기면서 주중에도 만나고, 주일에도 만나니 얼마나 감사한가. 무엇보다 아이들을 주님께로 인도하기 좋은 여건이 되어 기뻤다.

저 꼭 갈게요

두 번째 예배 때는 두 명이 출석했다. 모닝콜을 해달라고 요청한 아이들이 있어서 학교로 오면서 전화를 했는데 거의 안 받았다. 졸린 기색이 역력하게 전화를 받은 아이는 이렇게 말했다.

"선생님, 5분만 누워 있다가 갈게요."

"선생님, 감사합니다. 알겠습니다."

하지만 결국 이 아이들 두 명 다 오지 않았다. 잠을 이기지 못하는 아이들, 안식을 전혀 취하지 못하는 아이들을 생각하면 어른들이 만들어 놓은 구조의 피해자라는 생각에 눈물이 난다. 교회에 온 아이들과 간단히 간식을 나누고, 아이들을 격려했다. 하나님께서는 결국 작지만 큰 공동체로 인도해주실 것이라고 믿는다. 한 사람 한 사람을 주님께서 만나주시고, 하나님의 사람으로 귀하게 사용하실 것이다.

천하보다 귀한 영혼이 두 명이나 있다는 사실, 그리고 그들과 예배를 드린다는 사실은 나를 감격하게 했다. 나 역시 작은 교회에서 그 은혜를 경험하고 구원받았기 때문이다. 대부분의 아이가 오후에 연락을 해왔다. 한 아이가 이렇게 문자를 보냈다.

"선생님, 죄송해요. 다음에 꼭 갈게요. 제가 꼭 기도하러 가야 하는데, 너무 피곤해서요. 죄송해요. 꼭 갈게요. 기도해주세요."

교회도 다니지 않는 데 이렇게 고백하는 아이는 어떤 마음일까? 하나님께서는 어떤 마음을 이 아이에게 부어주신 것일까? 주님은 사랑하는 이 아이들의 마음을 다 아신다. 아이의 삶을 아신다. 이미 택정하시고 인도하셨다. 그렇다면 내가 할 일은 무엇인가? 매일매일 아이들의 이름을 부르며 기도하고 하나님의 사랑으로 섬기는 것이다. 그러면 하나님은 그분의 때에 그분의 방법으로 열매를 맺어 가실 것이다. 그러니 나는 인내와 소망을 가지고 전력을 다해 섬겨야 하지 않을까?

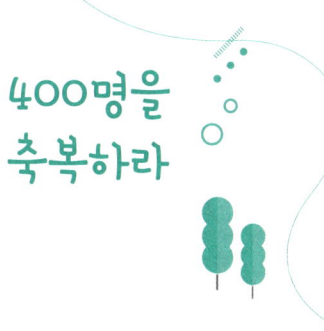

400명을
축복하라

기도할 때 하나님께서 주시는 마음이 있다. 긍정적이고 희망적인 사랑과 격려의 메시지다. 하나님은 불가능이 없다. 오히려 '가능'이다. '길'과 '진리'와 '소망'이 되신 예수 그리스도가 항상 함께하시고, 동행하시고 주관하시기 때문에 우리는 할 수 있다.

하루에 한 번씩 영훈고등학교에서 1,400여 명의 학생들과 100명가량의 교직원을 위해 기도한다. 2학기 중간고사를 앞두고 1학년 약 400명의 아이를 위해 특별히 매일 기도하고 있었다. 사랑하는 제자들이 단순한 시험 점수 잘 받는 것이 아니라, 이 세상과 하나님을 위한 진짜 실력 있는 사람이 되기를 바라며 기도했다. 섬기기 위해 이 땅에 오신 예수 그리스도를 닮아 베풀며 사는 인생이 되길 기도했다. 더욱이 '시험' 때문에 '시험'에 들지 않도록 기도했다. 기도 가운데 하나님의 음성이 들렸다.

"아이들을 구체적으로 축복하라!"

분명한 하나님의 마음이었고, 음성이었다. 나는 하나님께 다시 기도하며 물었다. 하나님 어떻게 하면 될까요? 무엇을 원하시는지요?

'test'와 'temptation'

하나님은 약 400명의 아이들에게 한 명 한 명씩 축복의 글로 격려하라는 마음을 주셨다. 십수 년 전 사랑하는 아이들에게 수백 통의 엽서를 일일이 써 준 적이 있다. 그리고 가끔 생각나는 아이들에게도 수시로 써주었다. 이번에는 좀 다른 지혜를 하나님께서 허락하셨다. 나는 시험 전 수업 시간에 이렇게 말했다.

"얘들아, 이제 곧 시험 때니까 오늘은 선생님이 5분 특강만 하자. 응? 그리고 남은 시간은 너희들 자습하는 거로. 어때?"

당연히 아이들은 좋아했다. 나는 칠판에다가 이렇게 썼다.

'시험 때문에 시험에 들지 말자!'

"얘들아, 시험에는 두 가지가 있어. 여기 앞의 '시험'의 뜻은 뭘까? 'test'야. 그럼 뒤의 '시험'은? 'temptation'이고. 'test'는 좋은 거야. 필요한 거고, 긍정적인 의미지. 그러니까 'test'를 통해서 내가 어느 정도 알고 있는지 확인하고, 부족한 면도 발견하게 되지.

그런데 'temptation'은 유혹이야, 부정적이고, 파멸로 가는 길이지. 시험 때문에 극단적인 선택을 하는 그런 거 있잖니? 그러니까 우리는 시험을 볼 때 'temptation'으로 받아들이면 안 되겠지? 그렇지?"

아이들은 고개를 끄덕였다. 나는 활짝 웃으며 크게 외쳤다.

"5분 특강~ 끝!"

아이들은 크게 환호하며 박수를 보냈다.

기도 제목을 쓰며

나는 아이들에게 자습을 시키고, 작은 백지를 한 장씩 나누어주었다.

"자, 얘들아. 지난 1학기 때도 받았는데, 2학기 때 소망이나 기도 제목 있지? 그런 거 있으면 적어다오. 샘이 그거 읽으면서 기도할게. 없으면 그냥 안 내도 되고."

아이들은 자습하며, 기도 제목이나 소망을 적어 내었다. 나는 그 기도 제목을 읽으며 학급별로 기도했다. 그리고 하나님께서 주신 '400명을 구체적으로 축복하라'는 미션을 수행했다.

색지에 짤막한 격려의 글을 썼다. 적은 인원의 학급은 두 장, 인원이 많은 학급은 석 장 정도 들었다. 약 400명이라 시간과 수고가 필요했다. 하지만 사랑은 희생이 따르는 법. 우리 아이들이 기뻐하고 힘을 얻을 수 있다면 얼마든지 할 수 있었다. 일주일 정도

걸려 400명의 아이에게 보낼 격려의 글을 완성했다. 그리고 그 종이를 코팅해 한 개씩 잘랐다. 몇 명의 제자가 자르는 것을 도와주기도 했다.

아이들에게 말했다.

"얘들아, 내가 이거 만들었거든. 작고 볼품없지만, 하나님의 마음, 선생님의 마음으로 알고 받아다오. 그리고 간식도 함께."

나는 코팅한 격려의 글과 '오예스'를 한 개씩 나누어 주었다. 아이들은 무척이나 즐거워했고 감동받았다고 했다. 특히 자기 이름이 적혀 있는 것을 보고 매우 기뻐했다. 아이들은 부분적인 사랑을 원하지 않는다. 일대일의 사랑을 원하고, 자기 이름을 불러주는 것을 기뻐한다. 그래서 하나님께서는 이런 방법으로 아이들을 축복하라고 하신 것이었다. 기도 가운데 아이들을 축복하라는 마음을 주신 하나님께 감사 기도를 드렸다. 그리고 실제로 행할 수 있는 방법의 지혜를 부어주신 하나님께 감사했다. 누군가를 축복할 수 있는 사람은, 이미 하나님의 축복을 받은 사람이다. 축복의 사람으로 불러주시고, 축복하게 하시는 하나님께 다시 한 번 영광의 찬양, 감사의 기도를 드린다.

고 3
격려 콘서트

해마다 고 3 학생들을 격려했다. 영훈고등학교를 졸업하기 전에 예수 그리스도를 만나고 그 사명으로 살아가길 바라며 행사를 해왔다. 해가 갈수록 더욱 풍성한 행사로 하나님께서 선생님들을 사용하시고, 영광 받으셨다. 하나님께서는 기도요청 엽서를 만들도록 인도하셨다. 한 면에는 전체 학생 450명의 명단을 넣고, 또 다른 면에는 하나님의 인도하심을 구하는 기도 제목을 넣었다. 이것을 수능 한 달 전 전교생과 교사들에게 배부했다. 그리고 날마다 읽으며 기도해달라고 방송했다.

사랑의 응원 메시지

선생님들에게 격려의 글도 받았다. 선생님들의 짤막한 글을 받아 색지 450장을 양면 복사해 코팅했다. 선생님들이 쓴 축복과 격려의 글을 담아 책받침 같이 만든 사랑의 메시지를 고 3 전체 아이들이 갖게 된 것이다. 이것은 아이들에게 큰 격려가 되었다. 작은 글귀이지만, 선생님들이 한 마디씩 해주는 격려 속에 아이들이 사랑을 느끼지 않겠는가. 450장을 다 코팅했는데, 아뿔싸! 나의 메시지가 빠졌다. 어떻게 할까 하다가 네임펜을 들어 코팅지 위에다 한 마디씩을 썼다.

"화이팅, 힘내! 기도할게. 뀨~^^"

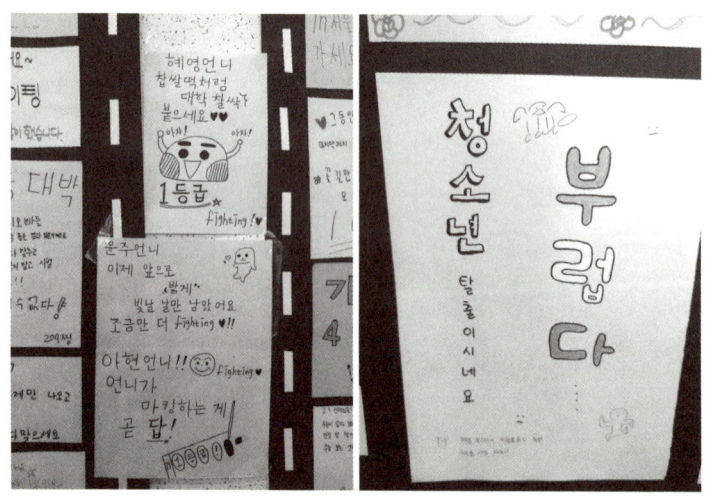

1, 2학년 후배들도 선배들에게 격려의 글을 쓰도록 했다. 나뿐 아니라 여러 선생님이 수업 자투리 시간에 아이들에게 고 3을 위한 격려의 글을 쓰도록 했다. 예쁜 색지를 나눠주고 아이들은 길게 또는 짤막하게 글을 썼다. 그 글에는 사랑과 따뜻함이 있었다. 미술 선생님과 미술반 학생들이 도와주었다. 후배들이 쓴 글들을 큰 전지에 붙여 식당 1층에 게시했다.

식당 1층 벽은 멋있고 아름다운 축복의 글귀가 가득했다. 3학년뿐만 아니라, 1, 2학년 아이들도 그 글을 읽으며 서로 기뻐했다. 한쪽 벽에는 선생님과 고 3 아이들의 소감란도 만들었다.

부어주시는 은혜와 성령의 감동

2학기에는 3학년을 위한 월요 점심 기도회를 진행했다. 아이들이 힘을 얻고 하나님의 인도하심을 따르기를 소망하며 기도했다. 나중에는 3학년보다 2학년 아이들이 더 많이 참여했다. 몇 명이 오든, 누가 오든 기도하는 것이 중요해서 월요일마다 약속대로 찬양과 기도를 하나님께 올려드렸다. 찬양과 반주로 지영진, 이은화 선생님께서 수고해 주셨다.

11월 7일, 수능을 8일 앞둔 날 450명의 간식을 준비해서 각 교실로 가서 전달했다. 빵과 음료수, 그리고 선생님들이 쓴 롤링페이퍼도 함께. 3학년 진학부장 이석형 선생님이 솔선해서 나섰고, 김연순, 유영림, 박정현 선생님 등이 시간될 때마다 오셔서 준비해 주셨다. 아름다운 동역자를 붙여주신 하나님께 매 순간 감사했다. 또한 정대성 교감 선생님을 비롯해 이종일 교무부장, 이용협 학생부장 선생님도 최선을 다하셨다.

수능 이틀 전에는 지영진 선생님이 채플 찬양팀 아이들과 아예 식당 1층으로 가서 버스킹 공연을 했다. 고 3 학생들을 격려하고 축복하는 귀한 시간을 하나님께서는 그때마다 마음 주시고 진행토록 하셨다.

11월 7일 수요일, 7교시 채플 시간에 고 3 격려 행사를 진행하기로 했다. 고 3 아이들이 많이 참여하도록 일찌감치 현수막과 홍보물, 방송으로 안내했다. 1, 2학년들도 참여하기를 소망하며 기도했고 최선을 다했다. 먼저 기도가 필요했다. 하나님께서는 기도 가운데 '아무것도 염려하지 말라.'는 마음을 주셨고 평강을 허락하셨다.

1, 2학년 아이들에게 공지해서 자신의 끼와 재능으로 선배들을 격려할 내용을 신청받았다. 십여 개의 순서가 만들어졌다. 무대에 서는 아이들과 고 3 격려 기도회 때 참여하는 고 3 학생들에게는 큰마음 먹고 문화상품권을 선물로 주기로 했다. 선생님들도 특송을 하기로 했다. 김종건 선생님은 독창, 이용협 선생님은 기타 연주로 아이들을 격려하기로 했다.

고 3 격려 콘서트와 기도회는 영훈고 소강당에서 오후 3시 10분부터 5시까지 진행되었다. 이날 영훈학원 곽태원 이사장께서 함께하셨다. 모두 120명가량이 모였다.

모든 행사를 마치고 축복송이 끝날 무렵, 나는 고 3 아이들을 모두 앞으로 나오게 했다. 그리고 아이들에게 이사야 41장 10절 말씀으로 메시지를 전했다.

"하나님께서는 여러분과 함께하신다. 두려워하지 말라, 하나님은 우리의 아버지시다. 그러니 놀라지 말라. 너희에게 힘을 주시고 인도하실 거야. 언제나 하나님의 사람으로 살기 바란다. 대학뿐 아니라 사회에 나가서도 주님과 동행하기 바란다. 그것이 승리하는 삶이란다. 얘들아."

말씀을 전하는 중에 울컥거리는 소리가 들렸다. 내 마음에도 형언할 수 없는 하나님의 감동이 가득했다. 나는 선생님들에게 아이들의 어깨에 손을 얹고 함께 기도하자고 했다. 선생님들도 아이들도 소리 내어 기도했다. 여기저기서 작은 울음소리가 들려왔다.

눈물 콧물 선생님

한참 기도하는데 한 남학생의 목소리가 들렸다.

"진학부장 선생님 막 우시는데요.

그 아이와 진학부장 선생님을 바라보았다. 진학부장 선생님은 두 손으로 눈을 가리고 흐르는 눈물을 주체하지 못하고 있었다. 분명 하나님께서 주신 눈물이었다. 그리고 사랑과 격려였다. 나는 이렇게 말했다.

"여러분! 기도하는 가운데 흐르는 눈물은 하나님께서 우리에게 주시는 위로와 평강의 마음입니다. 하나님께서 그 마음을 우리 진학부장 선생님께 주신 것 같아요. 여러분, 우리 다시 한 번 사랑하는 선생님들을 위해 그리고 여러분의 앞으로의 삶을 위해 기도합시다."

하나님께서는 기도하는 스승과 제자와 함께 계셨다.

"두려워하지 말라, 내가 너와 함께함이니라"의 말씀대로 우리 모두를 만져주셨다. 귀하고 아름다운 고 3 격려 콘서트였다. 다음날, 한 선생님은 눈물 어린 고백을 하셨다.

"어제 너무나 감사했습니다. 고생 정말 많으셨고요. 선생님께서 눈물로 준비하시고 진심 어린 기도를 해주셔서 저를 비롯한 모든 사람이 감동받았습니다. 교사가 지식을 전달하는 것도 좋지만 한 학생의 영혼을 위해 공감해주고 기도해주고 바라보고 생각해주는 것이 얼마나 중요하고 소중한지 깨았습니다. 정말 감사합니다."

감사해요
고마워요

계절이 저물어갈 때면 감사한 분들이 떠오르고 감사 제목이 떠오른다. 아이들에게 감사의 대상을 정해서 그 이유를 써보도록 했다. 사람이든 사물이든 동물이든 무엇이든 좋으니 대상을 정해서 써보라고 했다. 놀랍고 재미있는 글이 많았다. 아이들이 공통적으로 가장 많이 고마워하고 감사한 대상은 역시 부모님이었다. 할머니, 선생님 그리고 친구들, 자기 자신에게 고맙다고 표현한 아이들도 있었다. 하나님께 감사한 내용을 쓴 아이도 있었고, 자전거, 휴대폰, 라면 같은 사물에 감사하다고 쓴 아이도 있었다. 특히 선생님에게 감사하다고 쓴 아이 중 나에게 감사하다고 쓴 아이들도 있었다.

몇 학급에서는 아이들이 앞으로 나와, 친구를 앞에 세우고, 그 친구에게 써준 글을 읽어주기도 했다.

다음은 아이들이 감사하고 고마운 대상에게 쓴 글이다.

아빠가 고마운 이유

1. 맛있는 걸 많이 사주셔서

2. 투정 같은 것을 다 받아주셔서

3. 나쁜 짓 해도 항상 내 편인 것

4. 나를 항상 잘 챙겨주셔서

5. 나를 태어나게 해주셔서

엄마가 고마운 10가지 이유

1. 아침마다 밥 거르지 말라고 힘들게 밥 먹여주는 우리 엄마

2. 저녁도 잘 챙겨 먹으라고 용돈도 넉넉히 주는 우리 엄마

3. 시험을 못 봤을 때도 격려해주는 우리 엄마

4. 내가 하고 싶다는 진로에 대해 긍정적으로 응원해 주는 우리 엄마

5. 말이 없고 무뚝뚝한 나에게 항상 웃어주는 우리 엄마

6. 내가 아팠을 때 밤새 간호하는 우리 엄마

7. 가족을 위해서 항상 힘들 것 같은 직장에 열심히 다니는 우리 엄마

8. 내 고민을 누구보다 잘 들어주는 우리 엄마

9. 옷도 멋지게 입는 자랑스러운 우리 엄마

아이들이 가장 고마워하고 감사한 대상은 부모님이었
다. 감사의 마음은 우리를 미소짓게 한다.

10. 날 주위에 자랑스럽게 칭찬하는 우리 엄마

모두 다 감사합니다. 엄마 사랑해♡♡

하나님께 감사한 것들(수백만 가지 중) 5가지

1. 나를 창조하사 우리 부모님 만나게 하신 일

2. 하나님을 믿게 하신 일

3. 내 삶에 관여하심

4. 하나님을 위해 작지만 일하게 하신 일

5. 항상 감사한 마음 갖게 하신 일

영훈고 선생님들한테 감사한 7가지 이유

1. 고등학생이 된 저를 잘 적응할 수 있게 도와주셔서 감사합니다.

2. 수업 시간에 교과서 내용뿐 아니라, 더 많은 것을 알려주셔서 감사합니다.

3. 실수해도 웃어주시고 격려해주셔서 감사합니다.

4. 바쁠 때 힘들다고 찾아가도 웃으면서 고민 들어주셔서 감사합니다.

5. 집보다 학교에 있는 시간이 더 긴데 부모님처럼 보살펴주셔서 감사합니다.

6. 학교에 가고 싶은 이유가 되어주셔서 감사합니다.

7. 꾸중이나 지적을 하는 것이 저를 위한 것이라는 것을 알기 때문에 감사합니다.

저녁 길이 고마운 6가지 이유

1. 별을 볼 수 있게 해준다.

2. 가로등이 빛날 수 있도록 한다.

3. 차분히 생각을 정리할 수 있도록 도와준다.

4. 시원한 기분이 들게 해준다.

5. 위로를 받을 수 있게 해준다.

6. 야경이 이쁘게 빛날 수 있도록 한다.

휴대폰에 고마운 5가지 이유

1. 내 얼굴을 잘 나오게 찍어줘서 고마워

2. 만날 떨어뜨리는데 잘 버텨줘서 고마워

3. 쉽게 고장 나지 않고 잘 살아줘서 고마워

4. 내 사진들을 갤러리에 잘 담고 있어 줘서 고마워

5. 나의 휴대폰이 되어줘서 고마워

아이들의 생각은 순수하다. 그래서 나는 이 아이들과 함께하는 것이 좋다. 우리 아이들이 이 땅의 빛과 소금으로 살아가길 기도하며 온 수십 년, 지금도 그렇게 살게 하시는 하나님께 참으로 감사하다.

나는 '울보선생', 그리고 '뀨샘'이라고도 불린다. '뀨'라는 말은 '사랑스럽고 앙증맞고 깜찍하고 귀엽다.'는 표현이다. 나는 손 하트를 날리며 '뀨'를 외치기에 아이들은 나를 '뀨샘'이라고 부른다. 다음은 아이들이 나에게 쓴 글 중 몇 개다. 다소 우스꽝스러운 표현도 있지만, 미소를 띠게 한다.

뀨샘에게 고마운 5가지 이유

1. 수업 시간에 유익한 활동을 해주신다.
2. 친구들의 장난도 웃으시면서 받아주신다.
3. 굉장히 유쾌하시다.
4. 좋은 말씀을 전해주신다.
5. 우리를 위해 항상 기도해주신다.

다음은 내 눈에서 눈물이 멈추지 않았던 글이다.

최관하 선생님께 감사한 8가지 이유

1. 학생을 사랑하는 마음이 느껴진다.
2. 한 학기 내내 심적으로 힘들었는데, 쌤 덕분에 학교에 적응할 수 있었다.
3. 중 3 이후 교사를 믿지 않았는데, 최관하 선생님을 보며 중 3 때 선생님이 유별났다고 생각을 바꿨다.
4. 학생들을 차별 없이 모두 아끼신다. 내가 그들 중 하나라는 게 감사하다.
5. 내 마음에 여유가 없어지고, 친구를 미워하는 감정이 생길 때마다 생각나는 선생님이시다. 그 자체로 존경스럽다.

6. 악조건 속에서도 항상 최선을 다하시는 모습이 눈에 보인다.

7. 학생의 가족까지도 챙겨주신다. 마음이 넓으신 분이라는 생각이 든다.

8. 채플 시간에 '희생'에 대해서 강의하신 적이 있다. 내가 경찰이 되려는 이유도 그 때문이다. 누군가는 목숨을 버리고서라도 타인을 살리기 위해 몸을 던져야 한다. 내 진로에 대한 확신이 더욱 생겼다.

아이들의 글을 읽으며 교사의 영향력에 대해서 다시 생각했다. 한 사람을 만나 생각의 변화가 긍정적으로 일어나는 것, 심적으로 힘들 때 어떤 사람을 통해 회복하는 것, 진로에 대한 확신도 갖게 되었다는 것, 무엇보다 목숨을 걸고 누군가를 위해 희생하며 살겠다는 결심을 한 이 아이를 나는 한껏 축복했다. 진정 이 시대에 목숨을 걸고 헌신하는 사람이 되기를 기도했다.

신성모독이 아닐까?

복도를 지나는데 "예수님, 예수님"이라고 큰 소리로 부르는 남학생이 있어 뒤를 돌아봤다. 훈이였다.

"아~ 훈아. 안녕. 큐!"

훈이는 나에게 달려오다시피 하며 왔다. 활짝 웃으며 말이다.

"예수님, 안녕하세요?"

"지금 나를 부르는 거였니? 예수님이라고?"

"네, 예수님."

고등학교 1학년 남학생. 장난스럽고 천연덕스럽게 말하는 훈이가 아들 같았다.

예수님의 미소, 하나님의 마음

아이와 헤어진 후 훈이를 떠올리며 작은 미소를 주시는 하나님을 느꼈다. 나는 하나님께 기도했다.

"하나님, 제가 예수님이 아닌데, 아이들이 저를 예수님이라고 부르네요. 좀 죄송스럽고, 불경스럽기도 하네요. 하지 말라고 할까요? 어떻게 해야 좋을지요?"

기도하는데 예수님의 미소가 내 마음속에 그려졌다. 내가 훈이에게 미소를 띠었던 것처럼, 예수님도 같은 미소를 나에게 보내주셨다. 따뜻하고 환한 미소였다. 그 후에도 훈이는 복도에서 나를 보면, "예수님"이라고 외쳐댔다.

저녁 8시, 학교에서 한참 일하는데, 훈이가 찾아왔다.

"예수님, 안녕하세요?"

"오, 훈이 왔구나."

내 말이 끝나기가 무섭게 훈이는 무릎을 꿇더니 이렇게 말했다.

"예수님, 제가 배가 고픕니다. 오 예수(오예스) 하나만 주십시오."

나는 재빠르게 오예스를 들고 아이에게 달려갔다.

"에구, 훈이야. 그냥 달라고 하면 될 텐데, 무릎을 꿇고 그러니?"

"아닙니다, 예수님. 감사합니다. 잘 먹겠습니다."

그날 나는 훈이의 이야기를 들었다. 교회에 가고 싶은데, 불교

집안이고, 엄마가 교회에 나가는 것을 반대한다며 어떻게 해야 할지 모르겠다고 했다. 나는 훈이를 향한 하나님의 마음을 알기에 노력했다. 하나님께서 훈이 마음속에 계시고, 훈이 마음을 하나님에 대한 소망으로 불러일으키고 있다는 사실을 알게 하셨다. 훈이가 나를 "예수님"이라고 부르는 것이, 어쩌면 진짜 예수님을 만나고 싶은 '영'의 고백이라는 생각이 들었다.

"훈아, 그랬구나. 하나님께서 너를 꼭 예배 자리로 인도해 주실 거야. 절대로 예수님 이름 잊지 말고, 기도하렴. 꼭 예수님 만나 달라고. 나도 기도할게."

"네, 예수님."

기도하면 하나님이 다 알려주셔

며칠 후, 훈이는 열이와 함께 나를 찾아왔다. 밤 8시, 야간 자율 학습 쉬는 시간이라, 배가 고플 때다. 나는 간식을 아이들에게 건넸다.

"오~ 훈이, 열이도 같이 왔구나. 열이 여친하고는 요즘 잘 돼가고 있지? 얼마 전까지는 관계가 힘들었잖아?"

열이는 눈을 크게 뜨고 물었다.

"어떻게 아세요?"

"기도하면 다 나와. 하나님이 알려주셔. 하하하."

"정말요?"

열이는 그때부터 누구에게 얘기 들었냐며 캐묻기 시작했다. 나는 하나님이 알려주신다고, 기도하면 다 알게 된다고 대답했다.

훈이와 열이는 거의 매일 나를 찾아왔다. 나는 하나님께서 보내주신 이 아이들을 위해 더욱 기도했다. 하나님께서 꼭 만나주시고, 하나님의 사람으로 변화시켜달라고.

"예수님, 배고픕니다. 일용할 양식을 주십시오."

끊임없이 배고픔을 외치는 훈이와 열이를 데리고 학교 앞에 있는 무한리필 고깃집을 갔다. 아이들은 1시간 30분 동안 밥 세 공기와, 고기를 맘껏 먹었다.

"너희들이 잘 먹어서 좋다."

아이들도 활짝 웃으며 말했다.

"예수님, 이번 주에 교회 가겠습니다."

"하하, 그래? 삼겹살 먹으니까 올 마음이 생겼니?"

훈이가 말했다.

"엄마가 어디 가시거든요. 교회 갈 수 있어요. 열이도 같이 갈 거예요."

"그래, 그렇구나. 꼭 보내주시길 하나님께 기도할게. 용기 잃지 말고 예수님 이름으로 기도 많이 하렴. 고기는 먹고 싶을 때 언제든지 찾아오고."

결국 주님께서 훈이와 열이를 교회로 인도하셨다.

선생님 도와줄래?

유리와 혜민이는 이제 고 3이 되는 여학생인데 공통점이 몇 가지 있다. 같은 반이고 같은 교회를 다닌다. 긍정적인 사고를 하는 예쁜 아이들이다.

복도를 지나가면 혜민이는 달려와 밝게 웃으며 큰 소리로 "쌤!"를 외쳤다. 그 모습이 얼마나 사랑스럽고 예쁜지 모른다. 이 두 아이가 비슷한 점이 또 있다.

모두 직업 위탁생으로 진로를 결정했다. 유리는 '간호조무사'의 길을, 혜민이는 '미용예술'의 길을 선택해 직업학교에 합격했다. 유리와 혜민이는 영훈고등학교 근처에 있는 H 교회를 다니고 있다. 밝고 명랑한 성격과 착한 마음으로 신앙생활을 하는 이 아이들을 하나님께서는 분명히 귀하게 사용하실 것이다.

1월 초, 겨울 방학인데, 유리와 혜민이가 학교로 나를 찾아왔다. 나는 분주한 일로 매일 학교에 나와 있던 중이었다.

"혜민아, 유리야! 잘 지냈니?"

"네! 선생님. 친구들하고 요즘 많이 놀아요."

밝고 명랑하게 말하는 이 아이들을 보면 저절로 힘이 난다.

"그렇구나. 놀면서도 교회 잘 나가고, 하나님 잘 믿고 있는 거지?"

"네, 그럼요. 선생님. 교회 당연히 나가고 있죠."

"그래, 역시 그렇구나. 자, 그럼 우리 나가서 놀까? 뭐 먹으러 가자."

"네, 좋아요. 선생님."

나는 유리와 혜민이와 학교 앞 재래시장인 '숭인시장'으로 갔다. 시장으로 가는 길에 유리, 혜민이와 사진을 여러 장 찍었다. 사실 20여 년간 영훈고등학교에서 아이들을 가르쳤는데 학교 운동장이나 학교를 배경으로 해서 찍은 사진이 별로 없었다. 나와 두 아이들은 즐겁게 셀카를 찍었다. 분식집에서 떡볶이와 순대, 김밥을 맛있게 먹고, 학교로 돌아오는 길에 옷 구경도 했다. 지나가는 사람들 구경도 하고, 건물 구경도 하며 깔깔댔다.

"얘들아, 선생님이 뮤지컬 티켓이 있는데 너희 보러 갈래? 원하면 줄게."

"우와? 정말요? 선생님."

"그럼, 마침 티켓이 여러 장 생겨서, 너희들 줄 수 있을 것 같아."

도와줄 수 있니?

학교 교무실로 오는 길에 문구점에 들러 아이스크림을 사먹었다. 코팅지와 색지도 샀다. 겨울 집회 때 섬길 성구 서표를 만들기 위해서다.

"얘들아, 선생님 도와줄 수 있겠니?"

"뭔데요? 선생님."

나는 코팅기를 책상 위에 가져다 놓았다. 그리고 말씀을 색지에 넣어 복사했다. 아이들은 코팅을 했다. 이렇게 책갈피로 만들어진 하나님의 말씀이 10만 개는 넘지 않을까.

나 혼자 이것을 작업할 때도 있지만, 그동안 제자들이 작업을 도와주었다. 유리와 혜민이처럼 말이다. 이 아이들을 보며 눈물이 핑 돌았다. 아이들이 제자가 아닌 하나님께서 나에게 붙여주신 동역자, 하나님 나라의 동역자이기 때문이다.

학교 앞 이상한 사람들

학교 앞 은행에 볼일이 있어 나가던 길이었다. 학교 정문에서 100미터 떨어진 화장품 가게 앞에 흰 와이셔츠와 검정 바지를 입은 남자 세 명이 있었다. 세 사람이 한 청년을 둘러싸고 있었다. 그 청년은 스물 한두 살 됐을까? 서로 아는 사이는 아닌 것 같았다. 은행 일을 5분이 채 되지 않아 마치고 나와 보니 여전히 그곳에 그들이 있었다. 둘러싸인 청년은 태블릿으로 뭔가를 보고 있었다. 세 사람이 이상한 종교 단체에서 나온 사람들이라는 느낌이 들었다. 순간 하나님께 기도했다.

'하나님 지혜를 주세요. 어떻게 저 청년을 빼내야 할까요?'

나는 기도하면서 빠른 걸음으로 그들에게 다가갔다. 청년은 그들이 권한 동영상을 다 본 상태였다. 한 남자가 청년에게 이름을 물어보고 전화번호를 요구하고 있었다. 하나님께서는 그때 지혜를 주셨다. 나는 세 명의 남자들을 보지 않고, 그 청년에게 집중했다. 그리고 경쾌한 목소리로 말했다.

"너 여기서 뭐 하고 있니? 이 사람들은 누구고?"

세 명의 남자는 순간 당황했다. 청년도 잠시 의아한 눈빛을 보내왔다. 나는 웃으며 바로 말을 이었다.

"너, 영훈고 나오지 않았어? 나 몰라?"

사이비 종교인과 한 청년

그때였다. 세 명의 남자 중 가장 키가 큰 남자가 청년에게 물었다.

"아시는 분인가요?"

나는 바로 이 말을 받아 되물었다.

"글쎄, 난 여기 학교 선생님이고 이 아이는 내 제자여서 말을 건 건데, 뭐 하시는 분들이죠?"

세 명 중 한 남자가 대답했다.

"설문 조사 좀 해달라고 부탁한 건데요."

"아, 그래요? 그럼 이 아이하고 서로 모르는 사이인 거죠? 개인 신상 정보를 알려달라고 하니, 어디서 나온 분들이죠?"

"○○○의 교회입니다."

"하하하. 그렇군요."

나는 청년에게 눈길을 돌렸다. 그 청년은 나와 눈이 마주쳤다. 처음의 불안한 눈빛은 사라졌다. 그리고 무엇인가 이상한 느낌을 확신한 눈빛이었다.

"아! 저 선생님 알아요. 본 적 있어요. 제가 영훈고를 나온 게 아니라 동생이 영훈국제중학교를 나왔거든요. 그때 선생님 알게 되었어요."

이 청년이 나를 안다고 하자 세 남자의 얼굴이 일그러졌다. 나는 그들에게 말했다.

"이 청년 내가 데려가도 되겠지. 예수님을 믿으려면 바로 믿어야지 'XXX' 죽은 사람을 믿으면 되겠어?"

세 명은 내 말에 당황하는 듯했다.

이 사람들은 자기들의 교회 앞에 'XXX'이라는 사람 이름을 붙여 사용한다. 기도를 마칠 때도 '예수님의 이름으로 기도합니다.'라고 하지 않고, 'XXX 님의 이름으로 기도합니다.'라고 한다. 'XXX'은 이미 죽었는데 이제는 그 교주의 아내를 '하나님 어머니'라고 부르며 숭배하는 단체다. 작년 성탄절에는 자기들의 교회 벽에 'XXX 님의 탄신을 축하합니다'라고 쓴 현수막을 내걸기도 했다.

피할 길을 주신 하나님

더 이상 대답을 들을 필요가 없었다. 잠시 망설이는 그 청년을 향해 다소 큰 목소리로 말했다.

"왜 그러고 있어? 얼른 가자. 길에서 이상한 사람들하고 얘기할 시간이 어디 있어? 응?"

남의 말을 끝까지 들어주는 여리고 착한 마음을 가진 청년이었다. 그들은 이런 사람을 주로 현혹한다. 나는 더 강하게 말했다.

"너, 천국 가고 싶으면 빨리 나 따라오고, 지옥 가려면 거기 그냥 있든지 알아서 해."

결국 청년은 나를 따라왔다. 나는 몇 걸음 걸으며 그 청년의 어깨에 손을 얹었다. 그리고 가볍게 두드리며 격려했다.

"잘했어."

그리고는 걷다가 발길을 멈추고 뒤를 돌아보았다. 어찌 할 수 없다는 얼굴로 우리를 보고 있었다. 나는 그들을 향해 말했다.

"하나님을 믿으려면 바로 믿어야지, 예수님을 믿어야 천국 간다고, 사람을 믿지 말고 예수를 바로 믿으라고!"

나는 그 청년을 학교 안까지 데리고 가서 내 소개를 했다.

"잘했어. 그 사람들하고 얘기하면서 이상한 것 못 느꼈니?"

"알긴 알았는데, 빠져나올 틈을 안 주더라고요. 감사했어요. 선생님."

나는 웃으며 말했다.

"그래, 그래도 나를 믿고 따라와 주어서 고마워. 하나님께서 너를 특별히 사랑하시는 것 같구나. 마침 나를 만나게 하셨으니 말이야. 오늘 일 절대 잊지 말아. 교회 다니다가 지금 안 다닌다고 했지? 제대로 교회 나오고 싶거나 신앙에 대해 궁금한 것 있으면 나에게 연락해. 우리 영훈학교 안에도 교회가 있거든. 그리고 개인 정보를 함부로 알려주면 안 되는 것 알지? 쟤네들은 한 번 신상 파악하면 집요하게 연락한다고."

청년은 미소 띤 얼굴로 말했다.

"아! 그래요? 알겠습니다. 선생님."

나는 청년을 붙잡고 잠시 기도했다. 위험한 상황에서 만나게 해 주시고 청년을 인도하신 하나님께 감사 기도를 드렸다. 연신 "감사합니다."라고 말하고 돌아가는 청년의 뒷모습을 보며, 그 청년을 향한 하나님의 인도하심을 구했다. 이 패악한 시대, 우리 젊은이들이 영적 분별력을 가지고 살아가길 기도했다. 그리고 오늘 만난 청년이 '하나님의 사람'으로 부름 받도록 기도드렸다.

3부

다음
세대를
위한
노래

내가 네게 명령한 것이 아니냐 강하고 담대하라
두려워하지 말며 놀라지 말라
네가 어디로 가든지
네 하나님 여호와가 너와 함께 하느니라 하시니라
여호수아 1:9

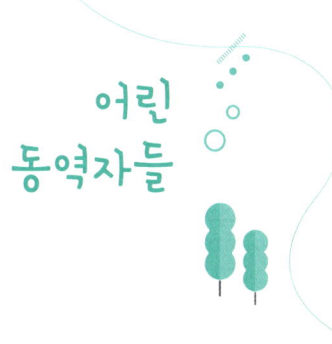

어린 동역자들

연이와 원이는 같은 반이 아니지만 무척 친하게 지낸다. 학기 초부터 이 두 아이는 교목실에 자주 놀러 왔다. 점심식사를 하려면 식당 앞에서 30분 이상 줄을 서서 기다려야 하기 때문에, 교목실에 와서 놀다가 식사하러 가곤 했다. 아이들은 물었다.

"선생님, 저희 매일 와 있어도 되나요?"

"그럼, 당연하지."

그러다 보니, 나는 자연스럽게 이 아이들과 대화를 할 기회가 많았다. 진로와 비전, 학업과 친구, 가정과 가족 등의 이야기를 나누면서 하나님께서 이 아이들을 나에게 보내신 까닭을 알게 되었다. 어느 날 나는 하나님께서 주시는 마음으로 물어보았다.

"연이와 원이는 교회 나가니?"

연이는 아주 어렸을 때 말고는 교회를 다녔던 적이 없고, 원이는 교회 등록은 했지만, 나가지 않는다고 했다. 하나님께서 연이와 원이를 보내신 것은 이 아이들이 믿음 생활을 하도록 인도하라는 사명을 주셨다고 확신했다.

나는 연이와 원이를 위해 아침마다 이름을 부르며 기도했다. 1학기 내내 점심시간마다 찾아오던 어느 날 연이가 말했다.

"근데요, 선생님. 선생님은 항상 바쁘신 것 같아요."

"그렇게 보이니?"

"네, 선생님. 근데요, 또 여유가 있어 보여요."

무엇인가 말이 맞는 것 같기도 하고, 안 맞는 것 같기도 했다.

"선생님, 저희가 뭐 도와드릴 것은 없어요?"

나를 배려하고 생각해주는 사랑스러운 제자들에게 나는 웃으며 말했다.

"당연히 있지. 그런데 할 수 있을까?"

연이와 원이는 두 눈을 동그랗게 뜨고 말했다.

"그럼요, 선생님. 저흰 다 잘해요. 시켜만 주셔요."

성구 서표 제작

나는 성경 말씀을 책갈피 형태로 만들어 다닌다. '성구서표'다. 이 성구서표는 수업 시간이나, 점심시간, 집회나 강의 때도 꼭 가지고 다닌다. 아이들에게 나눠주기도 하고, 뽑게도 한다. 하나님의 말씀이 사람에게 들어가면 능력이 있다는 것을 알기에 기도 가운데 하나님께서 주신 이

방법을 사용하는 것이다. '주바라기' 같은 큰 청소년 캠프 때는 몇 천 장을 만들어 가야 하기에, 색지와 코팅지를 사서 시간날 때마다 미리 성경 말씀을 써서 코팅을 하고 잘라 놓는다. 나는 연이와 원이에게 이것을 부탁했다.

처음에는 서툴던 아이들이 시간이 지나면서 기계처럼 움직였다. 비뚤배뚤했던 실력이 일취월장하더니, 커팅 칼이 아닌 가위로 똑바르게 잘랐다. 나는 가위로 자르는 게 어려웠는데, 아이들은 가위로 똑바르고 가지런하게 잘 잘랐다.

수북이 쌓여가는 성구 서표, 자르는 것만이 아니라 색깔별로 정리해 놓는 가지런함, 그리고 다 자른 다음 쓰레기까지 치우는 깔끔함을 보며 참 사랑스러운 도우미라고 생각했다.

나는 연이와 원이에게 말했다.

"너희들, 나를 도와주어서 정말 고마워. 선생님은 하나님이 원하시는 일을 하고 살잖아. 그러니까 너희도 하나님의 일을 하는 거야. 하나님의 일을 하는 사람을 사역자라고 한다. 그러니 너희도 사역자야. 그리고 또 한 가지 있어. 너희들은 나의 제자이지만, 하나님 나라의 좋은 동역자, 예쁜 동역자야. 고마워!"

아이들은 이 말에 무척이나 즐거워했다.

선생님, 교회 갈래요

청소년은 함께하는 시간이 많을수록 친해진다. 많은 이야기를 나누지 않아도 같이 있다 보면 공감대가 형성된다. 그러면 아이들은 어느 시점에 속 이야기를 토해 놓는다. 연이와 원이도 가족, 학교생활에 대해 털어놓기 시작했다. 그리고 꿈과 비전에 대해 고민이 많다고 했다. 십대는 그런 시기니 당연하다. 흔들릴 때 똑바로 서라고 하면 아이들은 무척 힘들어한다. 그리고 똑바로 설 수도 없다. 쓰러지지 않도록 해주고, 완전히 넘어지지 않도록 지켜봐주고, 격려하면 된다. 그러면 아이들은 제자리를 찾는다. 아이들은 '오뚝이'다. 흔들릴 수 있지만, 완전히 넘어가지 않는, 흔들리다가도 다시 일어나는 오뚝이. 1학기가 끝나갈 무렵 연이와 원이에게 말했다.

"얘들아, 선생님하고 교회 나가보면 어때?"

두 아이는 예쁜 미소를 띠며 말했다.

"정말요?"

"그럼, 선생님하고 교회 생활하면 되잖아."

"네, 좋아요. 선생님 그런데 언제부터요."

"곧 내가 학교 교회로 오니까 그때부터면 어떨까?"

아이들은 활짝 웃으며 말했다.

"네, 좋아요. 선생님."

너무도 쉽게 얻은 동의였다. 하지만 이 짤막한 대화를 하기까지 준비해야 할 것들이 있었다. 하나님의 마음을 읽는 것, 때를 잘 포착하는 것, 진심으로 다가가는 것, 무엇보다 기도로 준비해야 했다. 하나님께서는 연이와 원이를 당신에게 오기를 원하고 계셨다. 연이와 원이는 학교 안의 교회를 섬기기로 했다. 수업을 다녀오니 내 책상 위에 이런 글이 놓여 있었다.

쌤, 힘내세요! 사랑해여.

from 주연, 지원

작은 것의 행복

복도에서 아이들에게 간식을 나눠주는데 Y 선생님이 지나갔다. Y 선생님은 내게 말했다.

"선생님, 저도 배고파요."

이 말이 하나님의 음성으로 들렸다.

'선생님들에게도 간식을 드려라.'

하나님의 사람은 하나님의 음성에 바로 순종하는 법, 나는 교목실에 보관한 간식을 꺼냈다. '레모나' 비타민이었다. 그리고 '자유시간' 초콜릿. '츄파춥스' 빈 통 두 개에 '레모나'와 '초콜릿'을 각각 100개가량 넣었다. 그리고 통 하나는 들고, 다른 통 하나는 팔목에 걸고, 교무실 일곱 곳을 돌았다.

나의 출현에 선생님들은 반가워했다.

"웬일이세요? 최 선생님."

오랜 동안 함께한 동료 교사들. 어느덧 나는 완전 선배 교사가 되었다.

"아~ 어디서 간식 달라는 소리가 들려서요. 자~ 선생님들 간식 타임입니다."

이렇게 외치고, 선생님들 곁으로 다가가 '자유시간'을 한 개 올려놓았다.

"고맙습니다."

말하는 선생님에게 내가 이어 말했다.

"자! 김 선생. 이거 하나 뽑아 봐요."

김 선생님은 의아하다는 듯이 '레모나' 통에 손을 넣었다.

"이렇게요?"

하나를 뽑으면서 '그냥 주면 되지 왜 뽑게 하나?'라는 눈빛이었다.

"읽어봐요."

위로와 격려의 메시지

비타민 작은 겉봉투에는 글귀가 있다. 그 글귀는 사람을 무척 행복하게 한다. 그 선생님이 뽑은 글귀는 "네가 젤 예뻐."였다. 덩치가 큰 남자 선생님이 뽑은 글귀가 "네가 젤 예뻐"라서 교무실에 웃음이 터졌다. 이어서 뽑은 선생님의 글귀는 "사랑해", "고마워",

"넌, 최고야", "사랑해", "네가 젤 멋져" 등이다. 선생님들의 얼굴이 점점 환해졌다.

하나님은 의미 없는 일을 하지 않으신다. 날씨도 잿빛이었던 금요일 아침에 하나님께서는 한 선생님의 음성을 통해 나를 움직이시고, 교무실을 돌게 하며 하나님의 마음을 부어주셨다. 그리고 선생님들의 마음에 위로와 사랑의 평강을 주셨다. 자리에 계시지 않은 분들은 내가 비타민을 뽑거나 옆자리 선생님에게 뽑으라고 해서 자리에 올려놓았다.

한 여선생님이 한 개를 뽑았다.

"사랑해."

한 개를 더 뽑겠다고 했다.

"고마워."

갑자기 그 선생님은 눈시울을 붉혔다.

"선생님, 정말 감사해요. 요즘 제가 가장 듣고 싶던 말이 '사랑해, 고마워'였어요. 그런데 이런 방법으로 듣게 될 줄 몰랐어요."

"배고파요."를 외쳤던 Y 선생님이 자리에 있었다.

나를 보더니 잘 먹겠다고 인사를 했다.

"Y 선생님, 오늘 간식 돌린 게 선생님 덕예요. 배고프다고 했잖아요. 그 소리가 나에게는 하나님의 음성으로 들렸거든요. 그래서 돌린 거예요. 내가 고맙다고 해야죠. 가끔 배고프다고 또 말해요. 알았죠? 하하하."

Y 선생님도 함께 웃었다.

즐겁고 기쁘고 행복한 영훈고등학교. 그것은 하나님의 사랑이 가득하기 때문이다. 다 돌린 후, 교목실에 가서 있는데 C 선생님이 문밖에서 나를 보더니 이렇게 말했다.

"선생님, 정말 감사해요. 저는 어떤 글씨인지 아세요? '네가 젤 예뻐'예요. 기분 좋은데요."

기도하면
됩니다

복도에서 K 선생님을 만났다.

"선생님, 새 교무실하고, 도서실은 잘 정리되고 있나요?"

K 선생님은 고개를 가로저으며 말했다.

"아뇨, 아직도요."

그랬다. 올해에 들어오면서 교무실 하나가 더 생겼다. 바로 7교무실. 겨울 방학부터 교무실 공사를 하면서 난방공사, 전기공사, 그리고 옆에 붙어 있는 도서실 서가도 새로 꾸미고 책 정리도 하는데 아직 마무리가 안 된 것이다. 나는 몇 시간 후 7교무실을 방문했다.

"안녕들 하세요?"

몇 분의 선생님이 계셨다. 복도에서 만난 K 선생님도 있었다.

"선생님들, 교무실 환경이 무척 좋네요. 빛도 잘 들어오고. 다른 교무실보다 더 넓은 것 같아요. 새집에 뭐 필요한 것 없나요?"

냉장고가 필요해요

K 선생님의 얼굴에 화색이 감돌면서 물었다.

"말씀드리면 다 준비해주시나요?"

"하하하, 일단 말씀하셔요. 가능할 것 같은데요."

내 말에 선생님은 흠칫 놀라는 듯했다.

"응, 일단 냉장고가 필요해요."

"네. 냉장고요."

"가능한가요?"

"응, 그럼요. 제가 준비해 볼게요."

나의 긍정적인 말에 선생님들은 놀라고 있었다. 이야기를 들어보니 냉장고 등을 구입할 예산을 책정하지 않아, 학교에서 구비하기가 어렵다고 했다.

나는 교무실을 나와 잠시 기도했다. 하나님께서 냉장고 한 대를 생각나게 하셨다. 얼마 전 부활절 달걀을 1,500개 주문했는데, 4일이나 빨리 학교에 배달되어 왔다. 맥반석 달걀이지만, 교직원과 학생들이 먹는 것이기 때문에, 식품 안전을 신경 써야 했다. 그래서 학교 밖 쉼터로 내가 운영하는 '영훈센터'에 가서 냉장고를 실어온 것이다. 그 냉장고에 달걀을 보관했다가 나눠주었다. 하나님께서는 기도 가운데 바로 그 냉장고를 떠오르게 하셨다.

"그 냉장고를 주어라."

나는 냉장고를 학교 직원과 함께 7교무실로 날랐다. 한 시간도 되지 않아 냉장고가 오자 선생님들은 신기해했다.

"아니, 이게 어떻게 된 일예요?"

"선생님들, 새것이면 좋겠지만, 죄송해요. 하하하. 성능은 괜찮을 거예요."

K 선생님은 매우 좋아하며 말했다.

"정말 이렇게 냉장고가 금방 들어올 줄은 몰랐어요."

"하하하, 기도하면 된다니까요. 하나님께서 기뻐하시는 일이면요. 아셨죠?"

전자레인지도 가능할까요?

K 선생님이 웃으며 이렇게 말했다.

"정말요? 그럼 전자레인지가 필요한데, 될까요?"

"당연히 됩니다."

나는 교목실로 와서 또 기도했다.

사실 '전자레인지는 내가 사 드려도 되는데 뭘.' 하면서 7교무실을 나왔지만, 기도가 우선이었다. 하나님께서는 한 사람을 떠오르게 하셨다. 내 남동생이다. 남동생은 새로운 가전제품이나 중

고물품을 사고파는 사업을 한다. 구입할 요량이면 동생을 통해서 하는 게 좋다는 생각이 들었다. 그때. 전화가 왔다. 남동생이었다. 세상은 이런 것을 우연의 일치라고 하지만, 믿음의 사람들은 하나님의 섭리라고 말한다.

"별 일 없어?"

동생의 이 말 한 마디에 소름이 끼쳤다. 하나님의 인도하심이라고 생각하며, 나는 밝은 목소리로 말했다.

"응, 별 일 있지. 하하하. 내가 전화하려 했는데 어떻게 먼저 했니?"

"응? 그냥, 궁금해서. 별 일이 뭔데?"

나는 전자레인지를 구입해야 한다는 이야기를 하며, 냉장고를 다른 교무실로 옮겨준 이야기까지 했다. 이야기를 다 듣고 동생이 말했다.

"글쎄, 알아봐야겠는데, 교목실에 놓아둘 냉장고가 있는지, 그리고 전자레인지도 좋은 게 있는지."

"냉장고는 사실 없어도 돼. 있으면 좋겠지만. 교목실은 보통 나혼자 있고 사람들도 왔다갔다하니까. 그런데 전자레인지는 새 교무실에 꼭 필요해. 비용은 내가 부담할 테니까 꼭 알아봐 줘."

30분쯤 지났을까? 동생한테서 문자가 왔다. 사진도 한 장 있었다. 작은 트럭에 냉장고 박스가 있고 그 옆에 전자레인지 두 대가 있었다.

"물건이 마땅한 게 없었는데, 친구가 좋은 게 있다고 해서. 보니까 괜찮은 것 같아. 지금 트럭에 실어 보내니, 받아서 사용해. 그리고 돈 드는 것 없어. 그냥 받아주면 돼. 끊는다."

후다닥 말하고 끊는 동생의 말을 곱씹으며, 감사 기도를 드렸다.

'하나님, 참 기가 막히게 일 빨리하시네요. 하하하. 그것도 동생을 통해서. 무슨 뜻이 있는 줄 믿습니다. 감사합니다. 하나님.'

냉장고와 전자레인지는 20분 후에 학교에 도착했다. 나는 전자레인지를 들고 7교무실로 갔다. 선생님들의 눈이 휘둥그레졌다.

"아니, 선생님. 어떻게 된 거예요? 말씀드린 지 한 시간 밖에 안 됐는데. 어떻게 이렇게 빨리. 우와, 이거 진짜야? 레알?"

"기도하면 된다니까요? 하나님께서는 기뻐하시는 일은 바로 하시잖아요."

눈이 점점
안 좋아져요

영훈고등학교에서 국어 교사로 근무하시다 수년 전 명예퇴직하신 K 선생님. 그 선생님을 우리 학교에서는 '천사 같은 선생님'이라고 부른다. 그도 그럴 것이 K 선생님은 항상 겸손하고, 궂은일을 도맡아 하며, 동료들과 후배 교사들에게 항상 따뜻하셨다. K 선생님의 눈이 안 좋다고 알려주신 분은, 동료 교사이며 K 선생님과 같은 교회를 섬기고 있는 S 선생님이시다.

"최 선생, K 선생이 얘기하지 말라고 해서 지금까지 얘기 안 했는데, 말을 안 할 수가 없어. K 선생이 많이 안 좋거든. 기도 좀 해달라고. 눈이 잘못 될 수도 있나 봐."

"아니, 선생님. 눈이 잘못되다니요? 그럼 실명할 수도 있다는 건가요?"

병명을 물어보니 '황반변성'이라고 했다. 녹내장, 당뇨망막병증과 더불어 황반변성은 3대 실명의 원인으로, 환자 수가 꾸준히 증가하고 있다고 했다.

문자를 주고받으며

나는 K 선생님께 몇 차례 아래와 같은 내용의 문자를 드렸다.

"선생님, 눈 좀 어떠신지요? 기도하고 있습니다."

"잊지 않고 기도해줘서 감사해요. 오른쪽 눈이 작게 보여 걱정이지만, 체력이 많이 좋아졌고, 눈도 힘이 좀 붙어서 전보다 지내기는 편해졌어요. 감사해요."

지난 3월 말경 나는 문자 내용으로는 그다지 힘겨워 보이지 않았다. 그로부터 몇 개월이 지나는 동안 K 선생님의 문자에서 힘겨움이 묻어났다.

"어려운 상황에서 늘 생각나는 사람! 최샘 기도해주어서 고마워요."

"수요예배에 다녀오느라 이제야 카톡을 봤네요. 오른쪽 눈이 작게 보이는 건 여전하고 얼마 전부터는 굴곡이 심해지고, 시력도 좀 떨어져서 걱정이 돼요. 하지만 두렵지는 않아요. 주님의 뜻이 무엇인지 알게 해달라고 기도하고 있어요. 미안하지만 제 눈과 제가 할 일에 대해 계속 기도를 부탁드리고 싶어요. 고마워요."

나는 선생님을 뵙고자 했다. 약속한 날, K 선생님은 모자를 눌러쓰고 학교로 오셨다. 텅 빈 교무실에서 선생님과 둘이 앉았다.

"최 선생, 사실은 너무 힘들어요. 이러다 정말 앞이 안 보이면 어떡하나? 혹시 다른 것도 잘못되어서 죽지 않을까 걱정돼요. 내가 믿음이 있는 줄 알았는데, 이번 일을 겪으면서 믿음이 없다는 것을 알았어요. 이 상황을 담대하게 받아들여야 하는데…."

나는 선생님의 손을 잡고 조용히 말했다.

"선생님, 누구나 이런 상황이 오면 그럴 거예요. 전혀 생각도 못한 일이잖아요. 게다가 선생님은 믿음을 가지고 다른 분들을 잘 섬기셨잖아요. 그럼에도 사람은 누구나 병에 걸릴 수 있고, 또 그 안에서 하나님을 다시 만나잖아요. 힘내세요. 하나님께서 선생님께 뜻하신 바가 분명히 있을 거예요."

나는 선생님을 위로하고 격려했다. 그리고 선생님의 회복과 이 상황 가운데서 행하시는 하나님의 뜻을 알려달라고 기도했다.

나는 가끔 K 선생님께 안부 문자를 드렸다.

"선생님, 평안하세요? 눈은 어떠신지요? 힘내셔요. 기도합니다."

K 선생님은 바로 답장을 해왔다.

"잊지 않고 기도해주시고 연락도 주셔서 감사해요. 큰맘 먹고 1박 2일로 성가대 수련회 다녀왔어요. 눈 상태가 좀 안 좋아졌어요. 주사 맞을 때가 아직 일주일 남았는데 조금 걱정이 돼요. 연락 주어 고마워요. 두려운 마음 들지 않게, 증세가 호전될 수 있게, 염치없지만 중보기도 부탁드려요. 사치스러운 고민이라고 생각하면서도 사는 게 좀 힘들어요. 하는 일이 없어서인가 봐요. 고마워요."

손녀의 돌잔치를 마치고 보낸 내용에는 이런 글이 있었다.

"내 눈의 상태가 악화되는 것과 관계없이 주변의 모든 것들은 흘러만 가고. 감사할 일을 찾으면 한이 없을 텐데, 나의 믿음은 너무나 작기만 하고 ㅠㅠ 그래도 기도해야죠. 늘 힘이 되는 최샘 고마워요."

"어제는 집안에 일이 있어서, 오늘은 오전에 오른쪽 눈에 주사를 맞고 안대를 한 채 집에 붙어 있어요. 왼쪽 눈도 어릿한 상태지요. 내일 아침 안대를 떼고 나야 거동이 제대로 될 거 같아요. 내 모습이에요."

K 선생님은 오른쪽 눈에 안대를 한 사진 한 장을 보내왔다.

끝까지 포기하지 말아요

하나님께서는 선생님을 한 번 더 만나라는 마음을 주셨다.

"선생님, 어려우시면 제가 선생님 동네로 갈게요. 한 번 뵈면 좋겠어요."

"괜찮아요. 내가 갈게요. 안대 떼고 가면 갈 수 있어요."

며칠 후 영훈센터에서 선생님을 만났다. 선생님은 기력이 없어 보였다.

"선생님, 많이 힘드시죠?"

K 선생님은 미소를 보이며, 고개를 끄덕였다.

"앞으로 어떻게 될까 염려도 있지만, 최 선생이 이렇게 기도해 주니, 힘이 나. 정말 고마워."

"선생님. 끝까지 포기하지 말고 힘내셔요. 사실 하나님께서 마음만 먹으면 무엇이든 하실 수 있잖아요. 앉은뱅이를 일으키시고, 눈먼 자 눈 뜨게 하시고, 죽은 나사로도 살리신 하나님이시잖아요. 하나님 말씀 붙잡고 끝까지 기도해요. 하나님의 섭리가 있으실 거예요."

K 선생님은 고개를 또 한 번 끄덕였다.

나는 선생님을 붙잡고 기도했다. 눈물의 기도, 우리가 할 일은 오직 감사와 기도다. 어떤 상황에서도 하나님 말씀에 의지해 기도하는 것 밖에 없다. 그것이 하나님께서 원하시는 것이다. 여호와 라파의 하나님께 K 선생님의 눈을 만져달라고 기도했다. 무엇보다 이 과정을 통해 K 선생님에게 뜻하신 하나님의 마음이 확연히 드러나길 소망하며 기도했다. 선생님은 기도할 때마다 계속해서 "아멘, 아멘."을 외쳤다.

하나님께서는 하염없는 눈물을 허락하셨다. 그 눈물 속에 소망과 기대가 있고, 하나님의 사랑이 담겨 있다는 생각이 들었다. 그 마음에 악하거나 나쁜 영은 사라지고 소망과 기대와 회복과 승리의 영이 가득하기를 기도했다. 다름 아닌 하나님의 영, 주님의 영이 가득하기를 기도했다.

기도를 마쳤을 때 선생님의 얼굴이 밝아져 있었다. 저녁식사를 한 후 돌아간 선생님은 이런 문자를 보내왔다.

"오늘 바쁜 중에도 시간 내서 기도해주어 고마워요. 지난번에 주신 말씀, 시편 27:1, 잠언 3:5과 함께 늘 암송하고 다니겠습니다. 열심히 기도하겠습니다. 하나님께서 최샘과 함께해 주시기를 기도드립니다."

하나님께서 K 선생님과 함께하시고 꼭 회복시켜 주실 줄 믿고, 오늘도 두 손 모아 기도한다.

학교를 떠나는 선생님

5월의 중순, 기간제 교사로 오신 K 선생님께서 학교를 떠나게 되었다. 학교에 계속 근무하고 싶어 했지만 건강이 여의치 않았다. 미혼 여선생님인데 여성병이라 더욱 염려가 되었다. 아이들을 사랑하고, 다른 선생님들과의 관계도 좋으며 소명 의식이 있는 선생님, 나는 기회가 주어진다면 K 선생님이 오랫동안 우리 학교에 계셔도 좋겠다고 생각했다. 또한 미션스쿨을 나왔지만, 아직 하나님을 잘 모르는 K 선생님이 영훈고등학교에서 하나님을 만나기를 기도했다.

영훈고등학교가 기독교학교가 되면서, 활동들이 많아졌다. 채플뿐 아니라 여러 기도회, 리더십 세미나, 봉사 활동, 명사 특강

등. 일손이 필요할 때 K 선생님은 함께하셨다. 나는 항상 선생님께 감사한 마음이 들었다. 사실 아이들을 가르치는 것뿐 아니라, 학생 상담, 업무로 학교는 매우 분주하게 돌아간다. 담당도 아니고 비신자인 선생님이 기독 활동을 돕는다는 것은 그리 쉬운 일은 아니다. 나는 선생님을 뵙고자 했다. 찾아온 선생님의 얼굴은 힘이 없어 보였다. 걱정과 염려도 많은 듯했다.

"선생님, 사실은 제가 먼저 찾아뵈려 했어요."

"아, 그러시군요. 선생님, 이야기 들었어요. 걱정 많이 되시죠?"

"선생님, 사실 예전에 대학 다닐 때 이번과 같은 부분, 수술을 받은 적이 있어요. 꽤 오랫동안 괜찮다 싶었는데, 얼마 전에 검진을 했는데 다시 안 좋다고 해서요. 수술해야 해서 학교를 그만두게 되었어요."

"그렇군요. 선생님, 너무 염려 마셔요. 기도 많이 할게요. 괜찮으실 거예요."

선생님과의 대화가 40여 분간 지속되었다.

"선생님, 지난번에 도와주셔서 감사했어요. 아이들이 쓴 글을 읽고 정리하는 것 해주셨잖아요."

"아녜요, 선생님. 그런 기회를 주셔서 감사했어요. 교회에 나가지도 않는데, 항상 편히 대해 주시고 이것저것 챙겨주셔서요. 이렇게 나가는 것이 영훈고에 누가 되지 않을까 죄송하고요. 아이들한테도 미안해요. 중간에 그만두게 돼서요."

K 선생님의 마음이 따뜻하게 전해졌다. 나는 이야기를 다 듣고 미소를 띠며 말했다.

"선생님, 제가 기도 한 번 할게요."

선생님을 위한 기도

"사랑의 하나님, 감사합니다. 하나님의 때가 되어 K 선생님을 우리 학교에 보내주시고, 3개월 남짓의 짧은 기간이지만, 사랑으로 영훈고의 제자들을 가르칠 수 있도록 인도하여주셔서 감사드립니다. 선생님께서 몸이 연약하여 학교를 떠날 상황에 놓였습니다. 그동안 선생님께서 영훈고에 뿌려놓은 수고가 좋은 열매로 맺혀질 수 있도록 하나님께서 축복하실 줄로 믿습니다. 건강도 지켜주셔서 온전한 회복을 주시고, 하나님의 은혜 가운데 꼭 예수님을 만나는 기회를 허락해 주실 줄로 믿습니다. 언제나 힘과 격려가 가득한 삶이 되도록 인도해 주세요. 지금 선생님은 수술을 앞두고 있습니다. 마음에 평강과 위로를 주시고, 가족들에게도 하나님의 사랑과 평화가 임하여 아무것도 염려하지 않도록 그 마음을 지켜주실 줄 믿습니다. 선생님을 강건하게 하셔서 온전히 치유해주실 줄 믿습니다."

기도를 마치고 고개를 들었을 때 선생님의 눈가에는 눈물이 맺혀 있었다.

"다음에 뵐 때 건강한 모습으로 뵐게요. 하나님께서 그렇게 해주실 거예요. 매일 기도할게요. 힘내셔요."

"감사합니다."

인사를 나누고 K 선생님은 교무실로 가다가 갑자기 다시 문을 열고 들어왔다.

"선생님, 왜요?"

나는 눈물이 가득한 선생님의 모습에 놀라며 말했다.

"선생님, 이 말씀은 꼭 드려야 할 것 같아서요."

"아, 하시고 싶은 말씀이 아직 더 있었군요. 죄송해요. 앉아서 말씀하셔요."

"아뇨, 잠깐이면 돼요. 드리고 싶은 말씀은요. 제가 기독교인이 아닌데, 선생님께서 그동안 이렇게 대화해주시고, 기도해주셔서 감사했어요. 의례적인 것이 아니라, 선생님의 진심이 느껴져서요. 교회를 다니지 않는 저를 위해서 이렇게 기도해주셔서 얼마나 감사한지 몰라요. 고맙다는 말씀을 진심으로 드리고 싶었어요. 선생님, 정말 고맙습니다."

이야기를 하는 선생님의 눈에도 그 이야기를 듣는 내 눈에도 눈물이 흐르고 있었다. 하나님께서는 선생님의 고백을 통해서, 하나님의 사랑의 마음이 확대되고 있다는 확신을 주셨다. K 선생님과 나는 잠시 동안 하나님의 사랑을 느끼며 그 자리에 있었다.

표현해야
사랑이지

　사랑하는 대상은 여럿 있다. 부모, 자녀, 배우자, 스승, 제자, 친구 등. 이 가운데 우리가 선택하지 않은 관계가 있다. 부모와 자녀와의 관계다. 스승과 제자도, 배우자와의 관계도, 친구도 모두 사랑의 대상이지만, 이 관계는 우리의 의지에 따라 헤어질 수도 있고, 새로운 만남도 가질 수 있다. 하지만 부모와 자녀 관계는 아무리 사이가 좋지 않아도 끊을 수 없다. 피로 이어져 끊을 수 없다. 그렇다면 부모와 자녀는 사랑할 수밖에 없는 관계라는 결론에 이를 수밖에 없다.

　학생들에게 물어보았다.

　"얘들아, 평소에 자주 너희들에게 '사랑한다'라는 고백을 잘 하는 아빠, 손!"

30명 중에 서너 명이 손을 들었다.

"우와, 대단한 아빠다. 아빠들에게 박수!"

아이들이 손뼉을 쳤다.

"얘들아, 그 다음엔 자주는 아니지만 아빠가 그래도 가끔씩 '사랑한다'라고 표현하시는 분, 손!"

또 대여섯 명이 손을 들었다.

"우와, 역시 훌륭한 아빠다, 박수."

어색하고 불편해요

이번에는 아이들에게 이렇게 물어보았다.

"얘들아, 너희들 가운데 아빠에게 '사랑한다'라는 말을 평소에도 잘하는 사람, 손!"

두세 명이 손을 들었다. 큰 박수를 보냈다. 그런데 '엄마에게 자주 하는 사람, 자주는 아니어도 가끔씩은 표현하는 사람' 등의 질문이 더해갈수록 아이들의 얼굴이 굳어 갔다.

대부분의 아이들은 엄마에 대한 사랑 표현을 아빠보다는 괜찮다고 말했다. 하지만 어색하고 불편하다고 했다. 부모와 자녀 관계는 사랑을 표현하는데 자연스럽고 익숙해야 한다. 그러나 그렇지 못해 문제다. 그 문제의 핵심은 무엇일까?

예배 시간과 수업 시간에 영상과 자료를 통해 이러한 내용을 다루었다. 그리고 사랑을 표현하는 말을 따라 하도록 했다.

"아빠, 사랑해요. 엄마 사랑해요. 친구야 사랑해."

어른이나 아이들이나 '사랑해.'라는 말을 듣고 싶어 하고, 말하고 싶어 하는데 왜 그리 어색해 할까? 그런 말을 잘 듣지 못했고, 표현하는 방법도 몰라서다. 그래서 가르치고 배우고 실제 해보아야 한다.

나는 십여 년 전부터 아이들에게 엄마나 아빠를 '사랑하는 스무 가지 이유'를 써보라고 하고 있다. 그때마다 하나님께서는 아이들과 가족들에게 회복을 주셨고, 감동의 눈물을 허락하셨다. 아이들은 순수해서 진심으로 말하면 행동으로 바로 움직인다. 다만 결심에 이르는 데까지 시간이 걸린다. 인내와 소망을 가지고 나아가면 아이들은 놀라운 일을 보게 된다. 아빠들의 눈물과 엄마들의 감동어린 얼굴, 그리고 달라진 아빠, 엄마, 가정의 모습을 발견하게 된다.

아이들이 표현한 노력의 모습과 소감을 여기에 소개한다.

"쌤, 사실 20가지 이유는 쓰지 못했지만 쌤 말씀 듣다가 도중에 용기 내서 부모님께 사랑한다고 카톡 보냈어여 ㅎㅎㅎ 오늘 쌤 수업 덕분에 오랜만에 표현한 거 같아서 감사합니다."

"언제나 내 장래를 걱정해 주시는 아빠를 사랑합니다. 내가 원하는 것을 할 수 있는 선에서 최대한 해주시는 아빠를 사랑합니다. 내 성적에 항상 관심 가져주시는 아빠를 사랑합니다. 제 얼굴을 만들어주신 아빠를 사랑합니다."

"담배를 피지만 우리를 배려해서 밖에서 피고 오는 아빠를 사랑합니다. 항상 다정하게 말하는 아빠를 사랑합니다. 엄마랑 틱틱거려도 사이가 좋은 아빠를 사랑합니다. 내가 사랑한다고 하면 바로 사랑한다고 말하는 아빠를 사랑합니다. 혼이 나도 어색해지지 않은 관계를 만들어주신 아빠를 사랑합니다."

"부모님에 대해 다시 한 번 생각해보는 계기가 되었고, 부모님께 사랑한다는 얘길 더 많이 하는 자녀가 되어야겠다고 생각하게 되었습니다."

"항상 부모님께 사랑 표현을 잘 못했는데 이 기회에 사랑 표현을 할 수 있도록 용기를 내게 해주셔서 감사합니다."

이 땅의 악한 것들이 가정을 무너뜨리려 할 때 우리는 하나님의 사랑과 표현으로 더욱 관계를 아름답게 맺어가도록 노력해야 한다. 이 땅의 가정을 위해 기도하기를 소망한다.

아빠가
폐암이래요

2학기가 시작되었다. 무더위에 눌려 지냈던 여름이 지나가고 간혹 불어오는 서늘함이 상쾌할 때, 사랑하는 제자들, 보고 싶은 영훈고등학교의 아이들과의 만남이 다시 시작되었다. 아이들은 큰 탈 없이 방학을 잘 보내고 학교로 왔다. 첫 시간. 나는 아이들에게 작은 백지를 나눠주며 이렇게 말했다.

"애들아, 이제 2학기가 시작되었잖아. 각자 2학기의 계획이나 소망이 있을 거야. 그것을 마음으로만 갖지 말고, 글로 써보자. 글로 결심하고 다짐하면 좋을 것 같아. 그 종이에 소망을 써 봐. 기도 제목이랄까? 그런 거 말이야. 그럼 선생님이 꼭 읽어가면서 기도할게."

2학기 계획 및 소망 쓰기

아이들은 자기 계획을 써내려갔다. 번호를 붙여가며 쓰는 아이, 서술식으로 쓰는 아이도 있었다. 잠에서 덜 깨어 무엇을 해야 하는지 모르는 비몽사몽한 아이도 있었다. 이 모습조차 사랑스러운 아이들. 아이들이 쓴 글은 대체로 이렇다.

공부할 때 지혜를 주세요. 게임을 줄이게 해주세요. 전 과목 평균 2등급 이상, 성적 올려주세요. 가족 건강, 수업 시간에 집중, 남친 여친 생기게 해주세요, 야동 안 보기, 다이어트 성공, 더 예뻐지기, 직업 탐구, 성실히 공부 열심히 하기, 핸드폰 바꿔주세요 등등.

아이들이 쓴 글을 읽던 중, 내 눈에 꽂히는 글귀가 있었다.

"아버지, 병 낫게 해주세요."

나는 기도하는 때나, 기도하는 심정으로 누군가를 대할 때, 하나님께서 주시는 마음에 예민해지려 한다. 잘 보이지 않다가 하나님의 마음으로 볼 때 보이는 것이 있다. 잘 들리지 않다가 하나님의 마음으로 들을 때 들리는 것이 있다. 하나님께서 보게 하시고, 하나님께서 듣게 하시는 것이다. 그동안 하나님의 신호에 순종했을 때, 하나님께서는 그때마다 회복과 감동의 은혜를 베풀어 주셨다.

희는 1학기에 내가 전도해 영훈오륜교회에 출석하는 학생이다.

그동안 교회를 한 번도 다닌 적이 없던 아이인데, 무척 착하고 성실하다. 기도하는 가운데 하나님께서는 희의 가정을 살피라는 마음을 주셨다. 나는 희에게 연락해 만나기로 했다. 희는 점심시간에 나를 찾아왔다.

"오랜만이야, 희야."

"네, 선생님."

의자에 앉는 희를 보며 나는 조심스럽게 말했다.

"희야, 아빠가 많이 안 좋으신 거니?"

희는 힘없이 조용하게 말했다.

"네, 폐암이라고 하셔요. ○○병원에 입원해 계셔요. 방학에 갑자기 다리 마비가 와서 걷지를 못하셨어요. 검사했는데 폐암이라는 거예요. 너무 놀랐어요. 선생님, 그래서 교회에 못 왔어요. 아빠 옆에 있어야 하거든요."

나는 조용한 목소리로 물었다.

"아, 그랬구나. 너희 가족이 많이 힘들겠구나. 걱정되겠다."

희는 고개를 끄덕이더니 물어볼 새도 없이 술술 자기 이야기를 했다.

"다른 가족이 있으면 주일날 교회에 올 수도 있었을 텐데요, 엄마가 없어서요."

나는 흠칫 놀라며 물었다.

"아, 엄마가 안 계시니? 왜?"

희는 대답했다.

"이혼하셨어요. 저 초등학교 3학년 때요. 할아버지하고, 아버지하고, 저하고 셋이 살아요."

"에구, 그랬구나. 그럼 밥은 누가 해서 먹고사는 거니?"

"고모가 일주일에 한 번씩 오셔서 반찬 해놓으면 알아서 먹어요."

마음이 아팠다. 아이의 외로움이 전해졌다. 내색하지 않고 학교생활을 하는 희가 더욱 대견했다. 희는 계속 말했다.

"간병인이 와 있는데, 주말에는 안 와서 제가 아빠 옆에 붙어 있어요. 그래서 교회를 못 갔어요. 죄송해요. 선생님."

희의 마음이 절절한 아픔으로 느껴졌다. 어린 아이에게 다가온 그 짐이 얼마나 무거웠을까. 투병 중인 희 아빠의 마음도 느껴졌다. 가장으로서 아내 없이 책임질 어깨가 매우 무거웠을 것이다. 이야기를 들어보니, 희 할아버지도 몸이 건강하지 않았다.

'그래서 이 아이가 평소에 그렇게 힘이 없었나? 아이가 여러 힘든 것을 감당하고 있었구나. 그래서 하나님께서 이 아이를 살피라고 교회로 보내주시고, 아빠를 통해 다시 한 번 만나게 하셨구나.'

하나님께서는 희를 마음껏 축복하라는 마음을 나에게 부어주셨다.

나는 희에게 말했다.

"힘든 여름을 보냈네. 그래도 파이팅 하자. 이제 나도 알았으니까 네 가정을 위해서 기도 많이 할 테니까."

희는 미소를 띠며 고개를 끄덕였다.

"아빠하고 할아버지에게 신앙은 있니?"

"아뇨, 종교 생활 한 적이 저희 집은 전혀 없어요. 제가 교회에 나간 것은 선생님 만나서 처음이구요."

"그렇구나. 이제 희가 하나님을 믿기 시작했으니까, 아빠를 위해 기도하렴. 선생님도 기도할 테니까. 이 과정을 통해서 하나님께서 하시고자 하는 것이 분명 있을 거야. 힘내자, 응? 선생님도 너와 아빠를 위해서 할 일이 있으면 당연히 최선을 다할 테니까, 알겠지?"

"네, 선생님. 감사합니다."

나는 희에게 성구 서표를 뽑도록 했다. 하나님께서는 이런 말씀을 주셨다.

"내가 너와 함께 있으매 어떤 사람도 너를 대적하여 해롭게 할 자가 없을 것이니 이는 이 성중에 내 백성이 많음이라 하시더라."(사도행전 18:10)

나는 희를 붙잡고 기도했다. 희에게 성령님께서 함께하셔서 소망을 갖고 기도하는 하나님의 자녀로 설 수 있기를 소망했다. 또한 희와 아빠, 이 가정을 돕는 손길을 붙여달라고 기도했다. 특히 아빠의 건강이 온전히 회복되어서 하나님께 영광 올려드리는 삶이 되기를 기도했다. 하나님께서는 기도하는 가운데, 희에게 평안과 위로를 주셨다. 기도를 마쳤을 때, 희는 나를 만나러 들어올 때와는 달리 얼굴이 밝아졌다. 몇 번이나 "감사하다"는 인사를 하며, 교실로 돌아갔다. 그 아이의 뒷모습을 보는 내 눈에서 눈물이 주르륵 흘러내렸다.

예수님을 믿습니다

아버지가 폐암으로 투병 중인 상황에서도 희는 학교생활을 잘했다. 주일에 교회는 나오지 못했다. 나는 그런 희를 이따금 불러 이야기를 나누고 기도해서 보냈다. 희는 묻는 말에 대해서는 대답을 잘 했다. 하지만 상세한 이야기를 하지 않았다. 나중에 안 사실이지만, 희는 아버지의 병에 대해 자세한 내용을 모르고 있었던 듯싶다. 어른들은 희가 아직 어려서, 아버지의 병에 대해 상세히 말하지 않았던 것 같다.

나는 희의 아버지에게 편지를 쓰고 적은 물질을 보냈다. 희가 학교생활을 잘하고 있다는 것, 모범적이고 열심히 공부한다는 내용도 썼다. 어려운 상황이지만, 힘내시라고 기도하고 있다고 썼다.

힘든 상황에 있는 사람에게는, 특히 소망이 없는 것처럼 사는 사람에게는 누군가의 말 한 마디, 글 한 줄이 큰 위로와 힘이 된다. 그것은 하나님께서 나에게 주시는 마음이기에 그렇다. 예수 그리스도의 이름으로 기도하며 나아간다는 것을 힘든 여건에 있는 사람들이 알았을 때 그들은 힘을 얻는다. 하나님께서는 그것을 알게 하셨고 부족하지만 행하게 하셨다.

희와 함께 아버지를 방문하게 된 것은, 희의 아버지 상태가 안 좋다는 이야기를 듣고서다. 11월 을씨년스러운 날씨 속에 나는 희와 병원을 찾았다. 희의 아버지는 누워서 나를 반갑게 맞이했다. 희의 아버지는 다리를 쓸 수가 없게 되었다. 병원을 방문한 날, 희의 큰고모와 작은고모가 희의 아버지 곁을 지키고 있었다. 나는 밝은 웃음으로 희의 아버지와 첫 대면을 했다.

"아버님, 안녕하셔요?"

희의 아버지도 웃음으로 나를 맞이했다. 편지로 마음을 전해서인지, 오랜만에 만나는 동생 같았다.

나는 희의 아버지 손을 잡으며 말했다.

"아버님, 인물이 무척 좋으시네요. 잘 생기셨어요. 하하하. 일어나 앉기가 어려우신가요?"

희의 아버지는 고개를 끄덕이며 말했다.

"네."

나는 희의 학교생활과 아버님을 위해 영훈고등학교 선생님들이 기도하고 있다고 말씀드렸다. 30여분 머무는데 하나님께서는 복음을 전하라는 마음을 계속 주셨다. 미루지 말라는 하나님의 음성이었다. 나는 성령님의 음성에 반응했다.

"아버님, 저희가 기도하고 있어요. 하나님께서 그 기도 들으시면, 하루아침에도 일어나실 수가 있으실 거예요. 그렇게 되기를 매일 기도할게요."

"고맙습니다, 선생님."

나는 미소를 띠며 계속 말했다.

"그런데요, 아버님. 우리가 세상에 태어난 후에 한 번 하늘나라로 갈 때가 있잖아요. 이 세상을 떠나는 순간 천국과 지옥이 있다고 성경에 기록되어 있어요. 아버님은 혹시 예수님을 믿으시나요?"

침묵이 흘렀다. 그리고 잠시 후, 희의 아버님은 잠시 생각하시다가 고개를 끄덕였다. 옆에 있던 희의 고모들과 희는 어리둥절한 표정이었다.

'예수님을 믿고 있었다고?'

순간 나의 눈이 커졌다. 나는 좀 더 큰 목소리로 희 아버님께 물었다.

"우와, 그러시군요. 언제부터 예수님을 믿으셨어요?"

영접 기도를 드리며

작은 목소리지만, 희 아버님은 또렷이 말을 이어갔다.

"중학교 때요. 경신중학교 나왔거든요, 교회는 잘 다니지 않았지만 학교에서 예배드릴 때 예수님을 믿었죠. 그리고 졸업하고 방황했어요. 교회는 다니지 않았고요."

"네, 아버님. 그러셨군요. 어렸을 때 예수님을 믿었던 믿음이 병원에 계시면서 많이 생각이 나시나 봐요. 아버님, 그럼 제가 몇 가지 질문 드릴게요. 이 말이 믿어지면 대답해주시겠어요?"

나는 복음을 전했다.

"예수님께서 이 땅에 오신 목적이 아버님을 구원하기 위함이라는 사실을 믿으시나요?"

"예수님의 십자가 죽음 후에 부활의 생명을 우리에게 주셨다는 사실을 믿으시나요?"

"아버님도 예수님을 믿는다고 하셨지요? 그럼 언제라도 하늘나라에 간다면 천국에서 영생을 누린다는 확신이 있으신가요?"

계속되는 질문에 희 아버님은 "네, 네."로 화답했다. 나는 희 아버님께 확신의 믿음을 하나님께서 주시길 소망하며 기도를 따라 하도록 했다.

"저는 예수님을 믿습니다. 저를 구원하신 줄 믿습니다. 영생을 주신 줄 믿습니다."

하나님께서는 희의 아버지에게 다시 한 번 구원의 확인을 시켜주시고, 영광을 받으셨다.

우리는 믿는다고 하지만, 하나님께서 아니라고 하시면 아닐 수밖에 없다는 생각이 들었다. 결국 희의 아버지께서 병이 낫는 것보다 더 중요한 것은 천국에 갈 수 있는 믿음이 있어야 한다는 것. 하나님께서는 본질적인 믿음의 결국, 즉, 영혼 구원을 다시금 깨닫게 하신 것이다.

"아버님, 감사합니다. 제가 아버님을 위해 한 번 더 기도할게요."

나는 희 아버지 이마에 손을 얹고 기도했다.

"하나님 아버지, 귀한 한 생명을 천하보다 귀하게 여기시는 존귀하신 하나님. 오늘 희 아버지를 만나게 하신 하나님의 뜻을 이루신 줄로 믿습니다. 어려서 학교에서 만났던 예수님을 다시 생각나게 하시고, 오늘 그 예수님의 이름으로 구원의 확신을 다시 주심을 감사합니다. 우리 아버님이 병을 이겨내고 일어날 수 있도록 은혜를 베풀어주시옵소서. 많은 분이 기도하고 있사오니, 하나님 그 기도에 응답해주시길 원합니다. 어떠한 상황이 일어나도 아버님 마음속에, 천국 소망을 항상 갖고 병실에서 기도하며 주님과 대화하고 동행하는 삶이 되도록 축복하시길 원합니다. 한 생명을 구원하시고, 영광 받으시는 우리 주님께서 희와 아버님과 이 가정 축복하시고 영광 받으실 줄 믿습니다. 예수님의 이름으로 기도합니다. 아멘."

"아멘!"

기도가 끝나자 희의 아버님은 큰 목소리로 "아멘"을 외쳤다. 희의 아버님 두 눈에서 눈물이 흐르고 있었다.

자녀를
위해 울라

　자녀들을 위해 '눈물로, 무릎으로 기도하는 학부모 기도회'를 올해에도 하나님께서 허락하셨다. 3월부터 시작하고 싶었지만, 하나님께서는 시간을 늦추시며 기도로 더 준비하게 하셨다. 그리고 5월 16일 저녁 8시, 첫 학부모 기도회가 열렸다.

　영훈고등학교 학부모 기도회는 2001년부터 시작되었다. 비기독교학교였지만 하나님께서는 가정과 자녀를 위해 기도하라는 마음을 주시며, 방과후에 빈 공간에서 학부모님과 매월 한 번씩 기도하도록 하셨다. 학교 앞에 있는 영훈센터에서도 기도하도록 오랜 시간을 허락하셨다. 그동안 눈물로 부르짖던 학부모님의 기도가 쌓여 그 열매 맺은 것을 목도한다. 이 과정을 통해 살아계신 하나님을 발견하니 감사하지 않을 수 없다.

부르짖어 기도하라

하나님께서는 15년간의 기도 끝에 영훈고등학교를 기독교학교로 바꾸어주시고, 마음껏 기도할 수 있도록 허락하셨다. 이 사실을 생각할 때마다 감사가 넘친다. 이 땅에 살면서 하나님께서 직접 일하심을 보는 것이 얼마나 귀하고 감사한가!

가정통신문을 보내고 기도회에 참가할 분들의 접수를 받았다. 5월 16일 첫 모임에 8명의 어머니가 오셨다. 세 번째 모임에는 아버지 한 분을 포함해 16명이 오셨다. 기도회는 눈물과 은혜의 도가니였다. 자녀를 위해, 학교를 위해, 가정을 위해, 교회와 나라를 위해 기도했다. 성령님께서는 기도회에 참석한 이들의 마음을 만지시고, 합력해서 주님의 뜻을 이루어가도록 힘을 불어넣어 주셨다. 한 주 만에 다시 만난 학부모님들의 얼굴은 상기되어 있었다. 하나님께서 놀랍게 응답해주심을 고백하는 간증이 이어졌다.

다음은 세 번째 기도회에 참석하신 학부모님들의 눈물 고백이다.

"남편의 교회 출석을 위해 기도해왔는데 지난주부터 남편이 교회에 나가기 시작했어요."

"선교와 기도의 사명이 있는데 제가 몸이 너무 피곤하고 아팠거든요. 육신의 건강을 달라고 기도했는데 이제 괜찮아졌어요."

"집 문제로 기도 제목 냈었잖아요. 지난주 기도 모임 마치고 집에 가는 길에 집주인으로부터 연락이 왔어요. 재계약하자고요."

"손목이 아팠는데 기도회를 마치고 보니 손목이 다 나았어요."

"우리 아들이 아침에 못 일어나서 그동안 학교에 못 갔어요. 제소원이 아들이 학교 늦지 않고 출석하는 거였어요. 계속 결석해서 무척 힘들었는데 지난주 기도 모임 마친 다음 날 아침, 아이가 없어진 거예요. 어떻게 된 건가 걱정하는데 문자가 왔어요. 학교에 갔다고 인증샷을 보냈더라고요. 그때가 아침 7시 25분이었어요. 30일 만에 학교에 출석한 거예요. 스스로 학교에 가다니, 하나님 감사합니다."

"저는 교회에 다니지는 않는데 아들 때문에 너무 급한 마음에 참여하게 되었습니다. 아들이 조금씩 변화되어가는 모습을 보면서 저도 하나님을 믿고 싶어졌습니다. 제가 하나님을 잘 믿을 수 있도록 도와주세요."

아버지 기도 모임을 위해

두 번째 기도회 때 나는 이렇게 말했다.

"어머님들, 가정에서 영적 제사장으로, 예수님의 대리자로 아빠를, 남편을 하나님께서 부르셨잖아요? 아버지들의 기도가 매우 중요합니다. 여러분, 영훈고등학교에 아버지 기도회를 허락해 달라고 함께 기도해주세요."

이 말이 끝나자 어머니들의 얼굴이 환해졌다. 하나님께서 주시는 기쁨이 가득함을 느꼈다.

"맞아요. 사실 우리 기도 제목의 대부분이 남편에 관한 거잖아요. 아빠들도 우리와 기도하면 좋겠어요."

나는 세 번째 기도회 때 유일하게 아버지로 참여한 분께 '어떻게 오시게 되었냐?'고 질문했다. 그분은 이렇게 말씀하셨다.

"오고 싶어서 자발적으로 왔습니다."

강력한 기도의 응답, 성령님께서 기뻐하시고 인도하신다는 것을 느꼈다. 하나님께서는 학부모 기도회를 한없이 축복하고 계심을 느꼈다.

아자엄딸
소통캠프

부모와 자녀가 함께하는 하루 캠프가 있다. 아버지학교 주관으로는 '청소년 감동캠프', 어머니학교 주관으로는 '클릭 통통통'이 있다. 약 십 년 전에 두란노에서 시작되었다. 영훈고등학교에서는 '부모와 자녀가 함께하는 아자엄딸 소통캠프'를 5월에 비전센터에서 진행한다.

부모와 자녀는 '그물망'처럼 연결되어 있다. 그물 한 줄이 훼손되거나, 약해지면 그 그물은 제 기능을 하기 어렵다. 가족은 떨어질 수 없는 필연의 관계다. 포기한다고 해서 포기할 수 있는 관계가 아니다. 핏줄이기 때문에, 근본적으로 가족은 함께할 대상이다. 멀리하거나 포기할 대상이 아니다.

영훈고등학교는 비기독교학교 때인 2010년과 2011년, 영훈센터에서 두 차례 아버지학교 주관으로 '청소년 감동캠프'를 진행했다. 각각 20가정, 12가정이 참여했다. 여기에는 북부아버지학교 형제님들의 헌신적인 수고가 있었다. 사실 많은 가정이 모이는 것보다 부모와 자녀의 관계 회복, 친밀감과 소통의 비전이 더 중요하다. 하나님께서는 이 감동캠프를 축복하셨고, CTS에 방송이 나가도록 인도하셨다. 그리고 십수 년 기도를 통해 우리 학교를 기독교학교로 만들어 주셨다. 2018년에는 학교 비전센터에서 부모와 자녀가 함께하는 '아자엄딸 소통캠프'를 허락하셨다.

토요일 하루, 오전 9시 30분부터 오후 3시 30분까지 다양한 프로그램을 구성했다. 아버지학교와 어머니학교에서 진행하는 청소년 캠프에서 각각 장점을 찾아 재구성했다. 좋은 프로그램을 그대로 도입하기보다 현재 대상, 상황, 환경을 놓고 기도하며 하나님께서 주시는 지혜로 행사를 만들어야겠다고 생각했다.

직장 생활을 하는 부모와 자녀, 함께 살지만 거의 얼굴을 보지 못해 소통하기 어려운 때, 짧은 6시간 동안 성령님이 주관해주시고 함께해 주셨다.

천국 잔치가 열리고

한 달 남짓 여러 선생님과 기도하며 준비했다. 가정통신문을 발송하고, 방송으로도 홍보했다. 하나님께서는 22가정, 45명의 자

녀와 부모를 보내주셨다. 한 가정이 아빠와 엄마가 모두 참여해 45명이 된 것이다. 이 중 스무 가정은 영훈고등학교이고 두 가정은 타 학교 자녀와 부모였다.

어머니학교 청소년 팀장인 오은영 강사가 부모 강사로, 아버지학교 청소년 팀장인 이상영 강사가 자녀 강의로 섬겼다. 무엇 보다 감사한 일은 영훈고 현직 교사들이 스태프로 섬겨준 것이다. 찬양인도자 지영진 선생님, 싱어와 율동 이은화, 박정현 선생님, 반주 박숙자 선생님, 그리고 식사 및 간식 준비 등의 섬김으로는 김연순, 유영림 선생님이 수고하셨다.

지난 2010년 청소년 감동 캠프를 준비할 때, 하나님께서 기도했던 것을 수년 후에 응답해 주신 하나님의 은혜에 감사했다. 영훈고등학교에서 '부모와 자녀가 함께하는 감동캠프'를 열고 학교 선생님들이 섬기는 자가 되게 해달라고 기도했는데 하나님은 한 치의 오차도 없이 이루어주셨다.

5월 19일은 천국 잔치였다. 울며 웃으며 감동하며 서로 끌어안

고 기도하는 부모와 자녀의 모습은 말 그대로 기쁨의 자리, 감사의 자리였다. 전체 진행은 아버지학교 진행자인 전종민 형제가 맡았다. 영훈고등학교 정대성 교감님의 인사말에 이어, 내가 대표 기도를 하고, 레크리에이션, 카드 그림으로 부모, 자녀 소개하기, 그리고 강의, 영상, 식사, 편지쓰기, 행동유형 검사와 강의, 부모 서약식과 자녀의 서약 순서도 가졌다. 학교 매점 이용권을 선물로 주고, 수료증을 주고 두 가정을 선발해 커피 상품권도 선물로 주었다.

북부아버지학교 영상팀 최시영 형제가 사진을 찍어, 즉석에서 예쁜 액자에 넣어 각 가정에 선물했다. 부모와 자녀가 서로에게 쓴 편지를 읽어줄 때는 모두 눈물을 쏟았다. 길지 않은 시간이었지만 하나님의 축복을 누리는 기쁨의 시간이었다.

북부아버지학교 지부장인 김종덕 형제, 그리고 홍성원 형제, 정준오 형제가 함께해주어서 참으로 감사했다.

아래 내용은 참여하신 부모님께서 보내온 소감이다. 몇 분의 내용을 소개한다.

"아직 마음의 문을 열지 못해 어색해하는 아들에게 오늘은 부담이었을 것 같아요. 자기 마음을 제대로 표현하지 못하는 아들에게 오늘은 힘겨운 하루였겠지만 그래도 한 걸음을 내디딜 수 있는 소중한 시간이었습니다. 부모로서 문제가 많음을 자각할 수 있는 소중한 시간이었고 반성하는 시간이었습니다. 오늘을 시작으로 다시 한번 우리 가정에 사랑과 소통을 위한 노력을 해보려 합니다. 감사합니다."

"'내 안에 가장 귀한 것 예수를 앎'이라는 찬양처럼 이 세상 무엇보다도 가장 귀한 시간(소통캠프)이었습니다. 내가 제일 자녀를 잘 안다고 생각하는 마음도 내려놓고 자녀와 함께 나아갈 수 있도록 바르게 인도해주시는 목사님, 선생님들께 진심으로 감사드립니다. 손 편지를 쓰고 서로 읽어주고 눈물 흘리며 안아주면서 아이의 심장 박동 소리를 들었습니다. 18년 동안 가슴속에 묻어둔 이야기, 꿈과 진로를 위해 노력하며 다짐하는 말, 오늘 저녁에는 경청과 공감으로 환한 웃음으로 남편을 대하며 좋은 부모가 되도록 노력하겠습니다. 다시 한 번 고개 숙여 감사드립니다."

"집에서는 저를 자주 안아주면서도 밖에 나가면 찐따 된다고 손 한 번 잡아주지 않고 일부러 거리감을 유지하며, 남이 자신을 바라보는 시선 속에 갇혀 사는 아들, 율동 시간, 허깅 시간 엄마를 계속 밀쳐내더라고요. 결국 편지 낭독 시간에도 읽지 않으려고 요리조리 피하다가 다른 친구들의 모습을 보고 용기 내어 저희 부부에게 편지를 읽어주었어요. 그때 참 많이 울었습니다."

"아이와 함께하는 소통캠프는 처음입니다. 저를 다시 돌아보게 되고 아이에게 쓴 잔소리를 했던 것을 반성했습니다. 아이의 소중함과 고마움, 미안함에 눈물로 반성하는 감동의 시간이었어요. 오늘 이 시간을 통해서 내 옆에 건강하게 있는 아들에게 감사한 마음을 갖게 되었습니다. 이런 시간을 주신 선생님들께 고맙습니다."

이 행사는 매년 5월 영훈고등학교에서 진행될 예정이다. 이 행사로 가정이 소통하고 회복되길 기도한다. 또한 기도하는 교사들의 섬김으로, 학부모와 학생들이 그리스도의 사랑을 알고 행하는 사랑에 전염되길 기도한다.

무엇보다 이런 과정을 통해, 영훈고등학교가 외형적인 기독교 학교로 그치지 않고 예수 그리스도의 사랑이 가득한 학교가 되길 소망한다.

선교사가
되었어요

예상치 못하게 반가운 사람을 만나거나 소식을 들으면 무척 기쁘다. 더욱이 나처럼 교사로 살아가는 사람에게, 오래전 제자 소식은 매우 즐겁고 반가운 일이다. 요즘은 SNS가 발달되어 페이스북 등으로 사람을 만나게 된다. 물론 원치 않는 사람이 나를 발견한다든가, 또는 내가 알게 되는 경우도 있다. 하지만 연락이 끊겼던 그리웠던 사람, 좋았던 사람을 만나면 그 기쁨은 말할 수 없다.

2016년 10월 18일 페이스북에 다음과 같은 글이 올라왔다.

"선생님, 그간 안녕하셨나요? 저를 기억하실지 모르겠지만 영훈고 졸업생 용광민입니다. 선생님께선 제가 고 3 때 저의 담임선생님이셨고요. 졸업 후 연락 한 번 못 드리다 갑작스레 연락드려 죄송합니다. 우연히 선생님 페이스북을 보게 되어 짧게나마 인사 드립니다. 무심하고 못난 제자를 용서하세요. 저의 진로(연극영화 과)에 대해 진지하고 적극적으로 도와주시고 관심 가져주셨던 고 3 시절이 떠오릅니다. 실기 시험 보러 가는 날이면 어김없이 전화 해주셔서 기도해주셨죠."

편지는 계속 이어졌다.

"당시 저는 믿음이 없었는데도 말예요. 선생님, 당시 전 노력했 던 만큼의 결과를 얻지 못해 재수했고, 너무 큰 실망감과 선생님 께 대한 죄송스런 마음에 대학 합격이 된 후 연락드리려 했습니 다. 하지만 머뭇거리다 세월에 묻혀 오늘까지 와 버렸네요. 정말 죄송합니다. 지나온 시간 속에 제게 너무 많은 일이 일어났습니 다. 그중 가장 큰 변화는 제가 주님을 영접하고 선교사로 살고 있 는 것입니다.

예수님에 대한 작은 씨앗을 심어주신 분이 선생님이십니다. 너 무 감사드립니다. 직접 찾아뵙고 말씀드리고 싶었는데 용기가 나 지 않아 이렇게 페이스북을 통해서 마음을 전합니다. 아직 영훈 고에서 교직을 이어가고 계신지요? 만나 뵈려면 어찌해야 하는지 알려주시면 꼭 찾아뵙고 제 안에 주님께서 행하신 일들을 나누고 싶습니다.

선생님, 다시 한 번 너무나 감사드리고 뜬금없이 연락드린 못난 제자를 용서하세요. 존경합니다, 선생님! 제자 용광민."

2016년, 나는 영훈고 3학년 2반 남학생 학급의 담임교사였다. 그때 광민이가 우리 반이었다. 광민이는 키가 작고 눈빛이 반짝 거리는 꽤 잘 생긴 아이였다. 연극영화과를 정하고 열심히 준비 하던 아이였다. 교우 관계도 좋았다. 더욱이 우리 반 아이들이 돌 아가며 썼던 모둠 일기에 광민이는 자기가 앞으로 이루어나갈 꿈 을 이렇게 적어 놓았다.

"…난 배우가 꿈이란다. TV에 나오는 그런 연예인보다는 관객들과 호흡 할 수 있는 연극, 뮤지컬 배우가 꿈이야. …"

하지만 광민이는 대학 진학에 실패했다. 그리고 연락이 없었다. 그런데 그동안 예수님을 영접하고, 선교사가 되었다니! 하나님의 섭리와 인도하심, 그리고 응답하심에 감사했다. 믿지 않는 아이 들에게 무작정 기도할 수 없는 학교 현실, 하지만 하나님께서 일 하시면 못할 것이 없기에 기도하게 하시며 때에 따라 열매를 맺어 가는 하나님을 광민이를 통해 다시 한번 발견하니 얼마나 감사한 지 모르겠다.

복음 전파를 위한 행진

광민이가 보내온 편지 중 이런 표현이 있다.

"지나온 시간 속에 제게 많은 일이 일어났었습니다. 그중 가장 큰 변화는 제가 주님을 영접하고 선교사로 살고 있는 것이지요. 제게 예수님에 대한 작은 씨앗을 심어주신 분이 선생님이십니다. 너무나 감사드립니다."

이 부분을 읽으며 가슴이 울컥했다. 하나님께 감사 기도를 드렸다. 더욱 감사한 것은 하나님께서 나를 통해 십수 년 동안 학교 현장에서 복음의 씨앗을 뿌리게 하신 것이다. 또 한 명의 광민이가 오늘도 있고, 내일도 있기에 한 시도 소홀히 할 수 없다. 복음 전파를 위한 행진, 그 사명을 주심에 감사할 따름이다.

우리가 하는 일은 생명을 살리는 일이다. 지식 전달자에 머무르지 않고 영혼을 살리는 사명자로 기도하는 교사가 되어야 한다. 아이들을 섬겨야 한다. 그래서 이렇게 말할 수 있다.

"교사로 사는 것은 큰 축복이다."

"기도하는 교사로 사는 것은 하나님의 마음을 품은 사명자로 사는 것이다. 그렇기에 더욱 큰 축복이다."

하나님이 필요할 때만 찾는 것이 아니라, 하나님께서 지금 나에게 무엇을 원하시는지 알고 듣고 행할 줄 아는 믿음으로 나아가길 기도한다.

은혜요양원 봉사 활동

　강원도 철원 은혜요양원은 우리 학교와 자매결연을 한 곳이다. 1997년부터 2014년까지, 많은 영훈고등학교 학생들이 봉사 활동에 참여했다. 장애인들과 감동으로 함께하는 시간을 가졌다. 제자들은 최선을 다해 봉사했다.

　봉사 활동 초기 때, 학교에서 여러 모양으로 말썽을 피우던 한 남학생이 요양원 봉사 활동에 참여했다. 친구를 따라간 것이다. 장애인 봉사를 마치고 집에 돌아간 학생은 부모님이 계신 방으로 갔다.

　"아버지, 어머니 절 받으십시오."

　말썽꾸러기 아들이 갑자기 절 받으라는 말에 부모님은 깜짝 놀랐다.

"웬 절?"

물어보기가 무섭게 아들은 넙죽 절을 했다. 의아해하는 부모님께 아들은 이렇게 말했다.

"아버지, 어머니 저를 건강하게 낳아주시고, 건강하게 키워 주셔서 참 감사합니다."

봉사 활동을 통해 생각이 바뀌고, 행동이 바뀐 것이다.

아이들이 철원까지 가서 봉사 활동을 한 것은 봉사 점수를 받기 위해서가 아니다. 아이들은 봉사 활동을 통해 성숙해지고 자란다. 감사를 배운다. 그리고 장애인의 아픔을 직접 체험하고, 그들을 생각하고 동행할 수 있는 마음이 키워진다.

요양원은 우리 학생들의 방문을 무척 좋아했다. 원생들과 잘 놀아주고, 최선을 다하기 때문이다. 하지만 학교의 여러 사정으로 2015년부터 은혜요양원 봉사 활동을 할 수 없게 되었다. 봉사 활동을 다시 시작하고 싶어 기도했더니 2018년 하나님께서 기회를 허락해주셨다.

네 이웃을 네 몸과 같이 사랑하라

영훈고등학교의 건학 이념은 이순신 장군의 충무 정신이었다. 그러다 영훈고등학교가 기독교학교가 되면서 기독교 정신으로 바꿔었다. 바로 '사랑'이다.

'네 하나님을 사랑하라, 네 이웃을 네 몸과 같이 사랑하라'

(마태복음 22:39).

사랑은 지식을 아는 데서 그치지 않는다. 지식으로만 아는 것은 '사랑'을 아는 것이 아니다. 사랑은 행하고 표현하는 것이다. 표현하지 않는 사랑은 사랑이 아니다. 기독교 정신의 사랑은 곧 하나님의 사랑이다. 예수 그리스도의 사랑은 목숨을 내주는 사랑이다. 내가 죽고 상대방이 사는 헌신의 사랑이다. 그 사랑은 낙망한 사람에게 힘을 주고, 마른 뼈 같은 사람에게 생기를 주며, 낙심한 사람에게 격려를 주고, 말라붙은 건조한 사람에게 감동을 준다. 그것이 사랑의 힘이다. 이 사랑이 나에게, 그리고 영훈고등학교에 가득하기를 소망하며 기도해왔다.

2018학년도에 세 번의 은혜요양원 방문 봉사 활동을 계획했다. 어려운 부분도 있었지만, 하나님께서 진행하시고 이루실 것이라 기도했다. 첫 번째 참여 신청자는 40명이 넘었다. 이들을 두 차례에 걸쳐 사전 교육을 했다. 봉사 활동에 참여한 학생은 최종적으로 38명이었다. 영훈고등학교에서 교사 4명, 영훈국제중학교 교사 1명이 동행했다. 학교 스쿨버스를 대여하고, 점심으로 김밥을 주문하고, 기타 간식과 현수막 등을 준비했다. 하나님께서는 필요할 때 사람을 붙여주시고, 동행하게 하신다. 기도하는 네 분의 선생님들의 수고와 헌신으로 잘 준비되었다.

하나님의 사역은 큰 기쁨을 준다. 사람이 계획해서 하는 일이 아니라, 기도 가운데 하나님께서 하게 하시는 사역이기 때문이다. 하나님의 사역은 과정 중에 큰 기쁨과 열매를 보게 하신다. 선생님들의 헌신은 눈물겨울 정도였다. 휴일까지도 하나님과 제자들에게 시간과 사랑을 쏟아붓는 선생님들을 하나님께서 반드시 축복하실 것이다.

1, 2학년 아이들도 사전교육에 잘 참여했다. 수년간 끊어졌던 봉사 활동을 다시 시작하게 된 데에는 하나님의 분명한 뜻이 있으리라 믿었다. 영훈고등학교가 기독교학교로서의 '사랑'의 전통을 만들어가는 시작이 되는 것이다.

당일 8시에 출발해 10시에 요양원에 도착, 강당에서 요양원 사무국장님을 통해 잠깐 사전 교육을 받고, 원생들이 생활하는 3층과 4층으로 아이들을 올려보냈다. 남학생들은 남자 원생들, 여학생들은 여자 원생들을 만나게 했다. 원생들의 나이는 30대 이상이지만, 정신 연령은 낮았다. 20분가량 지났을까? 요양원의 사회복지사 한 분이 웃으며 다가와 말했다.

"선생님, 아이들이 왜 이렇게 봉사 활동을 잘하죠? 역시 영훈고예요!"

그 말을 듣는 내 마음은 기쁨으로 가득 찼다.

"하나님, 감사합니다."

아이들이 봉사하고 있는 생활실로 올라갔다. 사회복지사 선생님 말씀대로였다. 학생들은 천사 같았다. 얼굴이 무척 밝았다. 장애인 원생들은 더했다. 들고 뛰고, 우리 아이들의 손을 붙잡고 긴 복도를 계속 걸었다. 남학생들은 노래방 기계 앞에서 탬버린을 치고 춤추며 원생들과 함께 어울려 즐거워했다. 노는 모습에 구분이 없었다. 여학생들은 삼삼오오 짝을 지어 게임을 하거나 말벗이 되어 주었다. 선생님들도 학생들을 잘 관리하면서 원생과 어울리기도 했다.

기도 가운데 준비하시고 진행하게 하시고, 감동과 은혜로 봉사활동을 마치게 하신 하나님께 감사드린다. 더욱이 부활절 하루

전날, 어려운 이웃을 도울 수 있어서 기뻤다.

　돌아오는 버스 안에서 아이들은 봉사 활동 소감을 한마디씩 발표했다.

"오늘 처음으로 이런 봉사를 했습니다. 정말 뜻깊었어요. 요양원에 계신 분들이 처음에 먼저 다가와 주시고 반갑게 맞아주셔서 좋았습니다."

"작은 스킨십으로도 행복해하셔서 저도 손잡으며 함께 행복했습니다. 좋은 추억으로 남을 것 같습니다."

"서로 도우며 산다는 것이 무엇인지 알게 되었습니다. 오늘을 계획하시고, 다치지 않게 인도해주신 하나님께 감사드립니다. 봉사 활동을 계획하시고 동행해 주신 선생님들, 수고 많으셨습니다."

"사소한 일에도 웃어주시며 행복해하시니 저도 기분이 좋아졌어요. 다음에도 참여하고 싶어요."

"원생분들을 이해할 수 있게 된 것 같아 기분이 좋습니다."

"힘들고 불편할 줄 알았는데 진심으로 따뜻함이 느껴졌습니다."

"거기 계신 분들과 돌아다니면서 노래도 불러드렸는데 너무 좋아해주셔서 저도 너무 재밌었어요. 장애인들에 대한 편견이 사라지는 계기가 된 것 같습니다. 앞으로도 계속 참여하고 싶습니다."

"오늘은 정말 잊지 못할 추억인 것 같아요. 처음엔 당황스러웠지만 점차 얼굴도 알아가고 손을 잡거나 토닥토닥해주거나 안아주는 스킨십을 통해 서로에 대해 알아간 것 같아요. 초반에 제 손을 잡고 같이 달려갔던 원생분이 매우 인상 깊어요. 계속 웃어주시고! 마지막까지 제 손을 놓지 않으셨던 원생분도 너무 감사합니다. 정말 의미 있던 날이었습니다."(

"은혜장애인요양원에 계신 분들이 제 손을 잡고 행복해하시는 모습을 보고 저도 덩달아 기분이 좋아졌어요. 한 분 한 분 다 너무 해맑으시고 잘 웃어주셔서 저도 하루하루를 보람 있게 보내야겠다고 느꼈어요. 되돌아보면 힘들었던 기억보다는 뜻 깊은 기억으로 더 많이 남을 것 같아요. 잘 배우고 갑니다."

봉사 활동을 통해 하나님께서 원하시는 사랑의 뜻을 실천하게 하심에 감사하다.

영훈선교문화센타
12년 이야기

2000년대 초반, 하나님께서는 배회하는 청소년을 품으라는 마음을 내게 주셨다. 해마다 수만 명의 청소년이 거리에서 방황한다는 소식이 안타까웠다. 비기독교학교지만 마음껏 예배드리고 집회할 수 있는 공간도 필요했다. 그 무렵, 한 여학생이 나를 찾아왔다.

"선생님, 저 또 가출했어요."

두세 달이 멀다하고 가출하는 이 아이는 교회를 다니는 아이였다. 아이는 속마음을 어렵게 털어놓았다. 아빠가 재혼해 새엄마가 들어왔는데, 새엄마가 자기를 너무 싫어하고 욕까지 한다는 것이다. 아빠에게 이야기했더니, 야단만 맞았다고도 했다. 형제

없이 자기 혼자라니 더욱 이 아이는 외로웠을 것이다.

"그럼 어디에서 먹고 자고 하니?"

"아는 오빠 집에서요."

PC방에서 자취하는 한 오빠를 만났다고 했다.

"재워주고 먹여줄게, 우리 집 갈래?"

딱히 갈 데도 없는 여학생은 그 집에 들어갔다. 청년은 먹여 주고 재워주는 대가로 여학생의 몸을 요구했다. 동거가 시작된 것이다. 여학생은 나에게 이 말을 꺼내놓으며 울었다.

"선생님, 이렇게 살면 안 되는 거죠? 저 하나님 믿는데."

나 역시 한참을 울었다. 이 여학생을 보내고 난 후, 하나님께 매 시간 매달렸다.

"하나님, 우리 아이들이 마음껏 예배드리고, 쉬고, 먹고, 잘 수 있는 쉼터를 주세요. 우리 아이들, 이렇게 살면 안 되잖아요. 학교와 가까운 곳에 쉼터를 허락해 주세요."

기도는 계속되었다. 하나님께서는 한 장로님의 마음을 움직여 2,000만 원을 보내주셨다.

영훈고등학교 교문 앞 건물 3층에 27평의 공간이 있었다. 보증금 2,000만 원에 월세 108만 원으로 쉼터를 열어 선교 사역을 시작했다. 영훈고등학교 기독동문회의 도움이 컸다. 다른 동역자들도 마음과 물질, 기도로 함께했다.

2006년 4월 1일 영훈선교회가 발족되었다. 기독교사, 기독학생, 기독동문, 기독학부모, 중보자 등으로 구성된 동역자들의 모임으로 발족된 것이다. 이곳에서 5년간 사역을 했다.

코스타 동역자들의 공연과 설교, 강의, 친구 초청 예배, 신임교사 환영 예배, 일주일에 두 번 예배, 동문 예배, 학부모 기도회, 큐티 모임방 등등 다양한 기독 활동을 이곳에서 했다. 힘들고 지친 학생뿐만 아니라, 교사, 학부모들도 와서 상담 장소로 이용했다. 사랑과 감사의 공간이었다.

왕도깨비 호프집을 접수하다

5년 정도 사역을 하던 때, 한 남학생이 말했다.

"선생님, 저게 뭐예요?"

영훈센터 맞은편에 있는 '왕도깨비'라는 지하 호프집이었다.

"학교 앞에 웬 술집예요? 저거 접수해버리죠."

하나님의 음성으로 들렸다. 기도에 들어갔다.

"왕도깨비를 주시옵소서."

국내외 동역자들에게 기도 요청을 하고 함께 기도했다. 특히 외국의 코스타 사역자는 금식하며 중보해 주었다. 교회가 바뀌어 술집이 되는 시대인데, 술집을 바꿔 예배 처소로 바꾼다면 하나님께서 얼마나 기뻐하실까.

하나님께서는 응답하셨다. 호프집은 장사가 안되어 권리금도 못 받고 나가면서 우리가 그곳을 접수했다. 보증금 3,000만 원,

월세 121만 원. 돈은 없었지만, 기뻐하시는 일은 하시는 하나님께서 놀라운 간증을 주시며 모든 것을 채워주시고, 우리를 입성토록 하셨다. 이날은 2011년 6월 4일이다.

하나님께서는 2018년 5월 31일까지 이곳에서 7년간, 총 12년간 센터 사역을 하게 하셨다. 힘들고 어려운 작은 교회, 세 교회가 주일에 이곳을 사용했다. 얼마나 감사하고 기뻤는지 모른다. 그 작은 교회에 힘이 되게 하시고, 또한 영훈학교의 복음화와 다음 세대를 위해 기도하는 동역자들을 붙여주셨으니 말이다.

2015년 12월 28일, 오륜교회가 영훈학원을 인수하도록 하나님께서 간섭하셨다. 15년간 영훈학교의 복음화를 위해 정말 많은 눈물을 흘렸다. 하나님의 시간표는 2015년, 영훈학원 50년의 끝, 희년의 때였다. 오륜교회를 통해서였다.

2016년 3월 27일, 영훈학원 창립 51주년 기념일, 학교 안의 교회 '영훈오륜교회'가 분립 개척되었다. 주일 예배는 소강당에서 드리기로 했지만, 수요예배, 새벽예배, 금요예배를 드릴 공간이 없었다. 영훈센터를 사용하기로 했다. 영훈센터를 예비하시고, 귀한 예배 처소로 사용토록 하신 하나님께 감사했다.

영훈학교는 2017년부터 기독교학교로 나아가는 과정에 있다. 그동안 하나님께서 하나님의 섭리와 인도하심에 간증이 넘쳐나도록 인도하셨다. 이제 영훈센터에서 한 복음의 활동을 학교에서 할 수 있도록 분위기와 공간 등이 생겼다. 교목실을 허락해 주셨고, 작은 예배처이며 카페인 코이노니아, 큰 집회를 할 수 있는 소강당도 생겼다. 할렐루야!

2018년 5월 31일, 세상적으로 말하면 영훈센터는 문을 닫았다. 학교로 들어와 본격적으로 사역을 하면서 1년여를 비워 놓았다. 사람도 하나님께서 허락하신 사명이 끝나면 하나님 곁으로 가듯이, 영훈센터도 자신의 사명을 끝낸 것이다. 계약 기간이 끝나는 날, 모든 물건을 정리하고, 철거하고 원상 복구했다. 나는 벽을 붙잡고 혼자 기도했다. 쉴 새 없이 눈물이 흘렀다. 그간의 일을 생각하며 놀라운 일을 행하신 하나님을 찬양하며 감사의 눈물을 흘렸다. 건물 그 자체, 공간 그 자체보다도 하나님의 마음을 품게 하시고, 동역자들을 기도의 사람으로 불러일으켜 주시고, 사랑의 수고를 베풀게 하여주신 하나님께 영광과 찬양을 올려드렸다.

주의 영광을 위하여

'사나 죽으나 주의 영광을 위해 살라'는 고백처럼, 알몸이 된 듯한 센터에서, 나 역시 하나님의 사명자로 살다가 이 땅에 남김없이, 하나님께 가겠다고 마음을 다시 한번 다잡았다.

처음부터 끝까지 계획하고 인도하시는 하나님, 알파와 오메가 되신 하나님께 감사드린다. 또한 하나님의 마음을 품고 기도하며 합력하여 주신 모든 분께 진심으로 감사의 마음을 전한다.

이제 영훈센터는 없다. 하지만 사람을 통해 일하시는 하나님께서 이 땅의 다음 세대를 위한 복음의 행보는 계속 진행케 하실 것이다.

주님날개 아래서
꿈꾸는 십대

지은이 | 최관하
펴낸이 | 박상란
1판 1쇄 | 2019년 5월 20일

펴낸곳 | 피톤치드
교정 | 이슬 **디자인** | 황지은
경영 · 마케팅 | 박병기

출판등록 | 제 387-2013-000029호
등록번호 | 130-92-85998
주소 | 경기도 부천시 길주로 262 이안더클래식 133호
전화 | 070-7362-3488
팩스 | 0303-3449-0319
이메일 | phytonbook@naver.com

ISBN | 979-11-86692-30-1   43230

「이 도서의 국립중앙도서관 출판예정도서목록(CIP)은 서지정보유통지원시스템 홈페이지(http://seoji.nl.go.kr)와 국가자료공동목록시스템(http://www.nl.go.kr/kolisnet)에서 이용하실 수 있습니다.(CIP제어번호: CIP2019016666)」